AF466041

L'ÉDUCATION

AU POINT DE VUE DE LA LUTTE POUR LA VIE

POITIERS. — TYPOGRAPHIE OUDIN.

L'ÉDUCATION

AU POINT DE VUE DE

LA LUTTE POUR LA VIE

PAR

ALPHONSE LAIGLE

OFFICIER D'ACADÉMIE

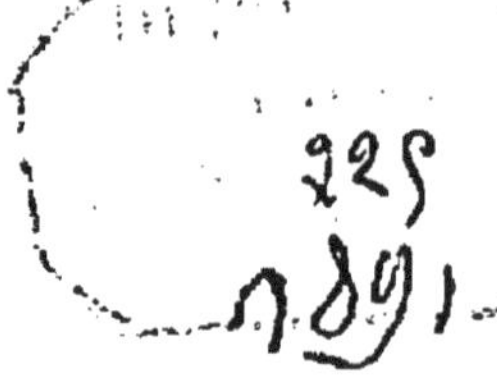

PARIS

LIBRAIRIE LECÈNE, OUDIN ET Cie

17, RUE BONAPARTE, 17

1891

A Madame la Comtesse DE MARTEL,

née RIQUETTI DE MIRABEAU.

MADAME,

Si chacun connaît votre esprit, vos amis seuls peuvent dire combien vous êtes bonne et quelle excellente mère de famille vous faites.

C'est à la femme de cœur, à la mère attentive, qu'il m'est agréable de dédier ce livre dont les idées vous sont connues.

Veuillez l'agréer, Madame, comme un témoignage de tous mes meilleurs sentiments.

A. LAIGLE.

INTRODUCTION

Nous sommes de ceux qui croient que la lutte pour la vie, si âpre qu'elle soit déjà au dedans comme au dehors, n'est rien à côté de ce qu'elle doit devenir dans un temps peu éloigné.

Devant cette perspective, qui ne doit nous inspirer que des sentiments virils, notre pensée première est que nous ne saurions trop bien armer nos enfants, nous attacher avec trop de soin à développer leurs qualités morales et intellectuelles, cela va sans dire, mais aussi leur force physique, leur adresse, et, par suite, leur vaillance, celle-ci étant assez souvent la résultante de celles-là.

En politique, nous estimons qu'il importe de multiplier les points de contact entre les diverses classes de la société, afin de faire de notre

**

démocratie un tout plus homogène, plus uni, plus résistant. Au point de vue individuel, notre souhait serait que chacun de nous, avec une instruction suffisante, possédât un métier qui, au besoin, lui permît de vivre du travail de ses mains.

Cette idée diffère trop de celles sur lesquelles notre bourgeoisie croit pouvoir encore vivre, pour que nous nous fassions la moindre illusion sur l'accueil qui lui est réservé. Cependant tout nous persuade que l'heure est proche où, par la force des choses, elle s'imposera à tous. Bon gré mal gré, nous y viendrons. D'ailleurs, soit dit à l'avance pour ceux qui croient que la culture physique et la culture intellectuelle ne peuvent aller de pair, nous montrerons que l'esprit profite dans une large mesure du savoir-faire des mains.

Mais si c'est là une des conclusions auxquelles notre livre conduit, son objet essentiel est de vulgariser les données, les connaissances nécessaires pour diriger d'une façon rationnelle l'éducation des enfants, pour savoir les différencier, prévoir leurs défauts, discerner leurs aptitudes, en tirer parti, et par là éviter l'énorme déperdition de forces qu'amène le système actuel uniformément appliqué aux natures les plus dissemblables.

Ce livre, comme son titre le dit, tend donc à un but essentiellement pratique. La voie par laquelle il s'efforce d'y conduire est celle des faits et des exemples pris sur le vif, plutôt que celle des théories et des abstractions pures.

Un point important entre tous commence à être admis, assez généralement, par les gens éclairés. Entre l'instruction qui développe les facultés intellectuelles et l'éducation qui forme le caractère, la préférence à donner à celle-ci ne semble plus devoir faire question. Nous en venons à reconnaître qu'un bon, un solide caractère vaut mieux qu'un brillant esprit, non seulement au point de vue moral, mais même au point de vue pratique. Au dix-huitième siècle, Voltaire disait : « C'est par le caractère et non par l'esprit qu'on fait fortune. » De nos jours, un savant qui a consacré sa vie à l'étude des civilisations, le docteur Le Bon, généralise cette observation et l'étend à tous les peuples.

« Lorsqu'on examine, dit-il, les conditions qui déterminent le succès des individus ou des peuples dans le monde, on est frappé de voir combien la valeur intellectuelle joue un rôle effacé. La volonté, la ténacité et diverses qualités de caractère ont une puissance bien autre. Entre deux individus ou deux peuples, l'un d'intelligence ordinaire, mais possédant beaucoup de courage, de volonté, de patience, prêt à sacrifier sa vie pour faire triompher un idéal quelconque, et l'autre, d'intelligence supérieure, mais ne possédant pas les aptitudes que je viens de mentionner, le pronostic n'est pas douteux. Ce sera invariablement le moins intelligent qui l'emportera. A n'envisager l'intelligence que comme élément de succès, on pourrait dire que toutes les fois qu'elle dépasse un certain niveau moyen, elle est plus nuisible qu'utile. »

Peut-on acquérir ces précieuses qualités de patience, de courage, de volonté, de ténacité ? Peut-on modifier, améliorer le caractère d'un individu, le caractère national d'une race ? Des exemples particuliers et des faits généraux permettent de répondre affirmativement. — Oui, on le peut par l'éducation ; on le peut par les habitudes, les usages. Ceux-ci ont une telle influence que, si des lois les fixent d'une façon immuable, ils fixent de même la nature morale de toute une nation. C'est ainsi que l'immense empire de Chine nous montre dans tous ses habitants une uniformité frappante, que l'extrême différence des zones n'est pas capable d'effacer. Au contraire, lorsque les mœurs changent, le caractère d'un peuple peut se modifier au point de ne plus être reconnaissable. Pour le constater, il suffit de voir ce que sont les Romains d'aujourd'hui comparés aux Romains de l'antiquité.

D'autre part, comme le tempérament a aussi une énorme influence sur le caractère, influence telle que Bichat a pu dire : « Le caractère est la physionomie du tempérament », on comprend l'importance capitale de la physiologie en matière d'éducation.

Entre ce que l'on comprend et ce que l'on fait, l'écart malheureusement est grand. Trop de gens encore dans la bourgeoisie, et surtout dans la classe ouvrière qui s'élève à l'aisance, agissent à l'égard de leurs enfants comme si l'instruction suffisait à tout. Pour l'éducation proprement dite, ceux-là s'en fient volontiers à la vie elle-même. La jeunesse française aborde ainsi l'existence sans préparation aucune ; elle s'embarque sur une mer de plus en plus mauvaise, comme feraient des novices à bord d'un navire dont ils ignoreraient tout et qu'ils n'auraient pas appris à diriger.

Peut-être ce laisser-aller résulte-t-il de ce que les difficultés de l'éducation sont beaucoup plus grandes que celles de l'instruction.

Kant, si habitué qu'il fût à traiter les questions les plus ardues, estimait que les deux arts les plus difficiles au monde étaient l'art de gouverner les hommes et l'art de les élever. Montaigne pensait de même. Pour lui, la difficulté naît de ce qu'il y a de vague et d'incertain dans « les tendres inclinations des enfants qui ne laissent pas aisément deviner leurs aptitudes ». Sa conclusion est que, sans s'inquiéter des premières manifestations de leur caractère, on doit se contenter « de les acheminer aux meilleures choses et aux plus profitables ».

L'éducation, si l'on s'en tenait là, devrait donc être la même pour tous. Mais, quelques lignes plus loin, Montaigne corrige heureusement ce que sa théorie offre de trop étroit. Abondant comme toujours en images familières, il demande au précepteur « de faire trotter l'élève devant lui, afin de juger de son train naturel et de s'accommoder à son allure ».

Cette idée de faire *trotter* l'enfant n'est pas

seulement amusante par son rapport avec les procédés de dressage ; elle est au fond des plus judicieuses et des plus suggestives. La science de l'esprit, la psychologie, doit prendre sa base dans la physiologie, dans la science des phénomènes de la vie et des fonctions de nos organes. Comme l'organisme humain n'est qu'un degré plus avancé de l'organisme animal, une connaissance approfondie des instincts des animaux nous serait très profitable pour l'utilisation des nôtres. C'est donc pour le plus grand avantage de l'homme, et non pour son amoindrissement, qu'on cessera de l'étudier en dehors de l'histoire naturelle.

Déjà nous pouvons profiter d'une foule de travaux, qui nous mettent dans de bien meilleures conditions que n'était l'observateur ou l'éducateur au temps de Montaigne. L'étude de l'homme resté à l'état primitif nous permet de retrouver l'enfant dans le sauvage, et réciproquement. Des observations extrêmement intéressantes ont été faites sur l'enfant pris dès

le berceau, dès ses premiers jours : les résultats en sont des plus utiles, car c'est dans les premières années de la vie, alors que l'exemple et l'éducation n'ont pu encore modifier sensiblement notre nature, que nos tendances caractéristiques se découvrent le mieux.

En Angleterre, des philosophes éminents comme Spencer et Bain, à l'exemple de Locke, sont entrés dans cette voie avec un grand succès. Là, du reste, le terrain était des mieux préparés. Nos voisins ont de tout temps attaché la plus grande importance au côté physique de l'éducation : aussi ne trouvent-ils rien de choquant dans le langage d'Emerson disant que l'homme doit être d'abord « un bon animal ».

En Allemagne, Preyer a étudié l'*Ame de l'enfant*, avec une patiente sagacité qui n'a négligé aucun détail, si minutieux qu'il fût. Un travail analogue a été fait chez nous par M. Bernard Pérez, dans une série d'ouvrages remarquables, où nous avons trouvé l'expression la plus heureuse d'un grand nombre de nos observations. M. Taine a appliqué ses puissants procédés d'analyse à l'acquisition du langage par l'enfant. D'autres, tels que MM. Bréal, Marion, Compayré, Berthelot, au sein de l'Université; M. Maneuvrier, dans son éloquente étude sur l'*Education de la bourgeoisie*; M. Raunié, dans son substantiel volume sur *La réforme de l'instruction nationale*, sans parler de M. Frary, qui a posé d'une façon si retentissante la question du latin, ont su appeler l'attention du public sur l'obligation où nous sommes de mettre notre enseignement, et surtout notre éducation, en rapport avec les nécessités sociales, avec les besoins de notre époque.

En résumant tous ces travaux la plume à la main, j'ai eu la satisfaction de trouver dans leur accord sur des points essentiels, et parfois même dans leurs divergences, la confirmation de mes propres idées consignées dans des notes antérieures.

Plus que jamais, je me suis pénétré de cette conviction que pour élever les enfants, présider à la formation de leur caractère, les guider dans le choix d'une carrière, certaines connaissances physiologiques sont nécessaires, et qu'à mettre ces connaissances à la portée de tous, on ferait œuvre utile.

De là l'idée de ce livre ; cette pensée est le lien intime qui en relie tous les chapitres, alors même que ceux-ci paraissent indépendants les uns des autres.

Les principaux de ces chapitres traitent : des faits d'hérédité, dont l'importance est surtout bien comprise depuis les grands travaux de Darwin ; de l'habitude et des effets de l'esprit d'imitation, de la mémoire dans les premières années de la vie ; des animaux et des sauvages comparés à l'enfant ; du sommeil, des aptitudes comparées de l'homme et de la femme, de la gaieté, du rire, du courage, etc.

Mes opinions sur tant de sujets divers, j'ai tenu à les mettre sous l'autorité directe d'hommes dont personne ne peut contester la haute compétence, et dont, à ce titre, j'ai tout avantage à produire le témoignage.

Ceci est donc une œuvre, non d'improvisation, mais de vulgarisation et de coordination.

Commencé il y a de longues années, en vue seulement des miens, ce travail ne devait pas dépasser le cercle de ma famille, et peut-être s'en apercevra-t-on à la façon dont il a été composé, avec ses répétitions voulues, avec ses digressions faites pour dorer un peu les pilules de morale. Très inquiet de l'avenir, très préoccupé de mes devoirs de père, j'observais, j'interrogeais, je lisais beaucoup, et le tout se fondait en notes quotidiennes, dont les indications, comme règles de conduite et comme points de départ d'observations ultérieures, me semblaient, et me semblent encore, devoir se déduire d'elles-mêmes.

J'avais deux fils... la mort me les a pris alors que je sentais avoir préparé en eux des hommes utiles. Ne pouvant ni ne voulant me consoler de leur perte, il me semble vivifier et élever leur souvenir, en publiant pour d'autres ce qui n'était fait que pour eux.

L'ÉDUCATION

AU POINT DE VUE DE

LA LUTTE POUR LA VIE

CHAPITRE PREMIER.

DE L'HÉRÉDITÉ.

L'hérédité est la loi de l'existence d'après laquelle certaines particularités physiques et certaines dispositions morales se transmettent par la voie du sang. — Peu distincte parfois dans les individus pris un à un, elle se constate facilement à l'analyse des traits généraux que présentent les peuples, les races, les familles, et qui se traduisent dans la langue, les religions, les mœurs, les institutions. Ces traits généraux, ces caractères héréditaires sont surtout marqués dans les populations et les familles où, de père en fils, le train de vie demeure le même, dans un même milieu.

Les ressemblances physiques sont beaucoup plus fréquentes et plus appréciables que les ressemblances morales.

Pourquoi?

C'est que les traits du visage étant peu nombreux, il suffit souvent de la reproduction de l'un d'eux pour constituer ce qu'on appelle l'air de famille. Il n'en saurait être de même pour la nature morale, où plus rien n'est simple, où tout est complexe.

L'étude des faits d'hérédité est donc des plus difficiles. Non seulement elle embrasse le physique et le moral ; mais elle exige la connaissance d'un passé qui, au delà d'une certaine époque, nous échappe forcément. A cet égard, elle serait puissamment facilitée, si, désormais, dans chaque famille, on prenait la peine de noter au jour le jour les particularités présentées par le caractère des enfants.

Si malaisée que soit cette étude, elle a cependant fait de grands progrès à notre époque, grâce à MM. Ribot, Lorin, Lucas, Jacoby, de Candolle, Guyau et autres. C'est dans les écrits de ces savants psychologues et physiologistes que nous puiserons les principaux éléments de nos observations.

Faut-il s'étonner que les êtres, hommes ou animaux, ressemblent à leurs auteurs? C'est plutôt le contraire qui serait étonnant. — Pour expliquer les exceptions apparentes à la loi d'hérédité, la diversité entre parents et enfants, et les différences entre les enfants issus d'un même lit, il faut considérer en premier lieu que le père et la mère sont eux-mêmes le produit de générations innombrables. Si l'on remonte de onze générations, soit à peu près trois siècles en arrière, cela ne suppose pas moins de deux mille générateurs. Chacun de ces ancêtres nous a transmis quelque chose de lui, et peut à l'occasion revivre partiellement en nous. La meilleure preuve, c'est ce qu'on nomme l'atavisme, le retour soudain de traits, de particularités qui avaient appartenu à des aïeux éloignés et qui s'étaient ensuite comme dissimulés dans l'organisme. Si, pour établir une comparaison, on veut bien considérer que les combinaisons musicales auxquelles peuvent donner lieu les sept notes de la gamme sont inépuisables, on comprendra qu'avec des milliers de facteurs le champ des combinaisons s'étende à l'infini.

Les dissemblances entre frères sont de celles qu'on s'explique le plus difficilement. Ici tous les ascendants sont les mêmes, les influences du passé sont identiques. D'où peuvent venir les différences ? De ce seul fait que les père et mère ne restent pas identiques à eux-mêmes, qu'ils se modifient sans cesse et deviennent ainsi des causes de modification dans les enfants. La ressemblance entre jumeaux, plus complète ordinairement qu'entre frères d'âges inégaux, est une preuve de l'influence de l'époque de la vie des auteurs à laquelle a eu lieu la fécondation. Pour que cette ressemblance fût parfaite, il faudrait, outre une similitude irréprochable, une identité absolue de toutes les circonstances qui président au développement embryonnaire des deux enfants. Une telle identité est très improbable, car la variabilité s'applique aussi bien aux plus simples organisations qu'aux plus compliquées.

L'hérédité des caractères physiques, des instincts et de certaines maladies, est généralement constatée, surtout pour celles de ces maladies qui affectent les organes les plus délicats, comme le cerveau, les yeux, les oreilles. Par le fait même de leur délicatesse, ces organes doivent être plus sensibles aux influences morbides. Il est des familles où la cécité et la surdi-mutité se perpétuent. De même, les maladies mentales. L'hérédité du suicide, par exemple, offre les cas les plus singuliers de similitude : le père s'est tué à un certain âge, le fils se tuera exactement dans les mêmes conditions ; « à l'heure dite, la folie viendra lui mettre à la main la corde ou le revolver ». L'hérédité du crime n'est pas sans exemple ; elle est d'autant plus fréquente que le crime prend davantage le caractère d'une manie, comme la manie du vol se produisant sous une impulsion interne presque inconsciente. Les bonnes dispositions se reproduisent heureusement aussi : les cas de longévité et de fécondité se remarquent souvent dans les mêmes familles. La santé, la vigueur, la beauté sont des biens que tout l'or du monde ne peut nous donner, mais que ceux qui les possèdent ont grande chance de léguer à leurs descendants.

Par là s'explique comment, d'une part, on obtient tant d'avantages des accouplements d'animaux consanguins soigneusement choisis, et, d'autre part, comment s'est établie l'opinion que les mariages entre parents portent des fruits défectueux ou même n'en portent pas du tout. Ce qui fait l'avantage comme l'inconvénient de la consanguinité au point de vue de la reproduction, c'est uniquement l'identité des tendances, des prédispositions bonnes ou mauvaises : la consanguinité accumule et intensifie les tendances semblables.

Il importe aussi de ne pas confondre le *croisement* avec le *métissage*. Dans le *croisement*, les deux individus qu'on accouple appartiennent à des types de pur sang. Dans le *métissage*, au contraire, on accouple des métis ou des produits de croisements. — Ainsi que M. Taine se plaît à le constater dans ses *Origines de la France contemporaine*, c'est d'un croisement qu'est issue la race des Dumas de la Pailleterie qui, depuis trois générations, fournit des hommes originaux et supérieurs. Le métissage sans choix fait les abâtardis, les chiens de rue, les chevaux sans race.

A ce sujet, remarquons, avec M. Richet, que chez les animaux de race pure, le *beau sexe* est plutôt le sexe mâle. Pour les oiseaux, le fait est général. Chez les quadrupèdes, le mâle est pourvu d'ornements acquis ou développés par l'effet de la sélection : soit que les femelles aient choisi les plus beaux, soit que la lutte entre mâles n'ait laissé survivre que les plus vaillants.

Dans les races humaines inférieures, et même dans les basses classes des peuples civilisés, on ne peut dire que le sexe féminin l'emporte sur l'autre en beauté ; avec l'âge, et sous le poids de la misère commune, il devient certainement le plus laid. Aussi, comme nous le verrons au chapitre 8, les physiologistes ont-ils pu formuler cette loi, que les formes extérieures dans les deux sexes diffèrent d'autant moins que les races sont moins civilisées.

Les formes supérieures de la vie mentale, le bon sens, le génie, le talent, la finesse, les aptitudes pour l'art ou la science, sont-elles régulièrement transmissibles ? Non, par la raison donnée plus haut que les ressemblances morales sont moins fréquentes que les ressemblances physiques. Et, après tout, mieux vaut qu'il en soit ainsi, car autrement ces qualités arriveraient à constituer une sorte de monopole.

A part l'aptitude à la musique et aux mathématiques, l'activité intellectuelle ne semble pas pouvoir se transmettre sous la forme restreinte d'une spécialité. A l'égard de la musique, on remarque que la plupart des grands compositeurs, Haydn, Mozart, Rossini, étaient fils de musiciens, et que chez eux l'aptitude musicale s'est révélée dès leur plus tendre jeunesse. Ceux qui considèrent la musique comme un art inférieur tirent avantage de cette précocité, et aussi de ce que le sentiment musical se rencontre fort développé chez des races très inférieures, telles que les nègres, alors qu'il l'était assez peu chez les Grecs. Certains exemples, comme celui d'Henri Mondeux, prouvent qu'avec une intelligence des plus bornées, on peut cependant avoir une aptitude extraordinaire pour les mathématiques, bien qu'en général la science des nombres soit inaccessible aux sauvages. Dans l'état actuel de nos connaissances, nous sommes encore loin de pouvoir concilier ces divers phénomènes ; mais les magnifiques travaux d'Helmholtz sur les lois de l'acoustique, en démontrant que l'harmonie des vibrations repose sur des rapports de nombres, laissent entrevoir que la musique et les mathématiques, cet art et cette science, pourront bien quelque jour être réunis.

On cite aussi des familles de peintres, comme celles des Vernet, des Breton. Mais pour ces aptitudes de famille, il faut tenir grand compte de l'influence considérable qu'exerce sur nos goûts et nos habitudes l'esprit d'imitation, auquel nous consacrerons un chapitre spécial. Les enfants trouvant généralement un grand plaisir à dessiner, il n'est pas étonnant que ce goût naturel se développe plus particulièrement dans un milieu où tout le favorise. — Plutôt que le goût du dessin, le sens de la couleur, comme celui de l'harmonie, semble constituer un don, une aptitude, dont la transmissibilité se constate assez fréquemment, mais qu'il est difficile, pour ne pas dire impossible d'acquérir par le travail. Ainsi de bons dessinateurs, ayant de père en fils cultivé l'art du dessin, pourront être absolument dénués du sentiment de la couleur, tandis que de simples bouquetières auront au plus haut degré celui de l'harmonie des tons et des nuances. N'y a-t-il pas une certaine corrélation entre cette aptitude et celle qui fait les musiciens d'instinct? L'harmonie des couleurs ne résulte-t-elle pas d'un accord dans les vibrations visuelles, comme celle des notes dans les vibrations des sons? Tout nous porte à le croire.

Les cas d'hérédité morbide révèlent comment et avec quelles modifications, certaines manières d'être se transmettent d'une génération à l'autre. Les maladies des ascendants reparaissent chez les descendants sous des formes multiples, nullement identiques. Les aliénés, les épileptiques donneront naissance à des enfants paralytiques, scrofuleux, et *vice versa*. — De ces métamorphoses de l'hérédité, la plus remarquable est celle de la folie en génie et du génie en idiotie. En fait, si l'on entend par génie le développement anormal de certaines facultés de penser, de sentir ou de vouloir, cette définition, dans sa généralité, s'applique également à la folie. Chez les poètes, chez les artistes, un talent singulier s'allie souvent à une remarquable incohérence. Combien n'en pourrait-on pas citer qui ont fini par le suicide? Schopenhauer, qui était d'une famille de cerveaux malades et dont le père s'était suicidé, s'exprime ainsi sur ce sujet, dont on peut dire qu'il était plein :

« Je crois que le génie et la folie, quoique très différents, sont pourtant plus rapprochés l'un de l'autre que le génie n'est près du simple bon sens et le fou de l'animal. On comparera plutôt un chien intelligent à un homme de sens qu'à un fou, et nous voyons que souvent les grands génies se conduisent presque comme des fous. »

Une certaine naïveté, une certaine inconscience, paraissent être au nombre des conditions indispensables du génie. La remarque suivante de M. Jules Lemaître est de nature à nous confirmer dans cette manière de voir : « Les plus marqués, les plus originaux, non seulement parmi les hommes, mais parmi les écrivains, sont ceux qui ne comprennent pas tout, qui ne sentent pas tout, qui n'aiment pas tout, dont la science, l'intelligence et les goûts sont nettement délimités. L'homme idéal, celui qui viendra à la fin des temps, comme il saura et concevra également toutes choses, n'aura sans doute presque plus de personnalité, et il n'aura que des passions, des vices et des travers fort atténués. En ce temps-là, le poète chez qui l'imagination l'emportera sur la raison, pourrait bien être considéré comme un être inférieur. »

Les faits observés sur le terrain de l'hypnotisme prouvent que les actes intellectuels les plus compliqués, et qui semblent le plus exiger l'influence de la conscience, peuvent s'accomplir d'une façon automatique. Dans les conditions ordinaires et d'une façon générale, il est évident que plus l'intelligence est élevée, plus l'activité automatique des cellules cérébrales est grande. Faible chez les esprits paresseux, cette activité atteint son plus haut degré chez l'homme de génie, chez le grand orateur et le grand écrivain ; les idées et les mots se présentent spontanément à leur pensée, et ils n'ont plus qu'à les prononcer ou les transcrire. Presque inconscients de leurs actions, ils sont sous l'influence du génie qui les anime, comme les hypnotisés sous celle de l'homme qui les fait agir. Dans tous les cas, tandisque la folie n'est que trop facilement héréditaire, puisqu'il suffit pour cela de la transmission d'une anomalie physique portant sur le plus sensible et le plus délicat de nos organes, tout démontre au contraire que le génie n'est pas transmissible. C'est qu'il forme un composé très instable qu'a pu produire un merveilleux concours de circontances dont la moindre est indispensable, mais qui se renouvelle à peine deux ou trois fois en un siècle. « En effet, dit M. Lorin, si certaines qualités, comme l'attention, la mémoire, sont la base du développement intellectuel; certains instincts, certains défauts, comme l'ambition, la bonté ou l'égoïsme, la curiosité, en sont les moteurs. Otez à Jules César un peu de son instinct prépondérant, l'ambition; ôtez à Newton sa puissance d'attention, et la vie du premier se passera peut-être dans une obscure débauche, et le second n'atteindra pas à ses puissantes abstractions. » — La combinaison qui a pris corps dans un Shakespeare, dans un Molière, ne se reproduire jamais, et ce que nous pouvons saisir des lois de l'hérédité ne saurait nous en rendre compte.

L'hérédité directe trouve sa contradiction dans l'atavisme, sorte d'hérédité en retour.

Il y a atavisme toutes les fois qu'un enfant, un vivant quelconque ressemble, non à ses parents immédiats, mais à l'un de ses grands-parents, ou à un ancêtre encore plus éloigné. Assez fréquent dans l'espèce humaine, ce phénomène l'est également dans l'espèce animale et dans les végétaux. Parmi les animaux domestiques, apparaissent souvent des individus qui apportent en naissant tous les défauts, tous les vices qui sont ceux de leurs lointains ascendants. La domestication, le régime alimentaire, ont pu transformer quelques-unes de ces fâcheuses dispositions, mais sans en détruire complètement le germe. — En raison de ces retours, de ces reculs, les éleveurs et les jardiniers savent combien il faut de soins pour fixer définitivement les variétés, sinon les espèces nouvelles, qu'ils arrivent à former, et combien il est difficile parfois de les empêcher de revenir au type primitif. L'intervention de l'homme est toujours nécessaire ; dès qu'elle cesse et que la nature agit seule, les caractères nouveaux tendent à disparaître. Il y a là une première objection sérieuse aux idées de Darwin, à la doctrine transformiste.

Considéré chez l'homme et surtout au point de vue de l'esprit, l'atavisme est un fait d'une grande importance dans les sciences morales et sociales ; on ne saurait trop en tenir compte quand on spécule sur le progrès moral, sur le passé et l'avenir de notre espèce. « Les peuples civilisés, disait Rivarol, sont aussi voisins de la barbarie que le fer le plus poli est voisin de la rouille. Les peuples comme les métaux n'ont de brillant que les surfaces. » Ce qui est vrai des peuples l'est également des individus, surtout des enfants. Si la civilisation la plus raffinée ne recouvre souvent que d'une enveloppe très mince le vieux fonds de barbarie que nous tenons de nos rudes aïeux, la mission de l'éducation n'en paraît que plus utile, plus importante, plus efficace.

M. Paul Janet croit trouver une objection de plus à la loi d'hérédité dans les phénomènes d'imitation, dans la contagion par l'exemple. Ainsi il s'attache à faire ressortir que, dans le fait étrange qu'on appelle la folie à deux, la folie, et la même folie, se transmet d'une personne à une autre par contagion et non par hérédité. Cette objection, à notre sens, n'est pas fondée. Le fait invoqué prouve seulement que si l'hérédité produit certains effets, ces mêmes effets peuvent être produits par d'autres causes ; or, ici l'autre cause, c'est l'imitation dont l'action est si puissante.

Le peuple qui ne sait pas ce que c'est que l'atavisme, n'est cependant pas sans avoir remarqué les contradictions ou les anomalies de l'hérédité. Aussi à côté du proverbe : *Tel père tel fils*, trouvons-nous celui-ci : *A père avare fils prodigue*, ou encore : *Les extrêmes se touchent*. En formulant cet aphorisme, la sagesse populaire a devancé la philosophie d'Hegel, dont un des principes est qu'une vérité n'est complète qu'autant qu'on a pu y faire entrer son contraire (1). Et ce fameux principe, au fond, équivaut à dire tout simplement que l'absolu n'est pas de ce monde où toute vérité a un caractère essentiellement relatif.

Pour nous, en dernière analyse, il nous semble que les hommes distingués qui ont appliqué toute leur science à l'étude des phénomènes d'hérédité, ont négligé de tenir compte d'une hypothèse importante. — De même qu'une loi mystérieuse maintient une égale proportion des sexes dans le total des naissances, ne pourrait-il pas se faire que les tempéraments, par suite les caractères, fussent constamment répartis dans les mêmes proportions? En vérité, quand on remarque combien les natures souvent diffèrent dans une même famille, on est amené à penser que cette hypothèse permettrait seule d'expliquer certains contrastes.

Dans sa *Philosophie de l'art*, M. Taine émet cette idée que, dans le même pays, à deux époques différentes, il y a très probablement le même nombre d'hommes de talent et d'hommes médiocres. « En effet, ajoute-t-il, on sait par la statistique que dans deux générations successives, il se trouve

(1) Nous adoptons pour le principe d'Hegel la forme que lui a donnée Benjamin Constant, parce que sous cette forme il est beaucoup plus accessible à la généralité des lecteurs.

à peu près le même nombre d'hommes ayant la taille requise pour la conscription et d'hommes trop petits pour être soldats. *Selon toutes les vraisemblances, il en est pour les esprits comme pour les corps*, et la nature est une semeuse d'hommes qui, puisant toujours de la même main dans la même besace, répand à peu près la même quantité, la même qualité, la même proportion de graines dans les terrains qu'elle ensemence régulièrement et tour à tour. »

Cette loi primordiale n'en laisse pas moins subsister les influences considérables et de la famille, et de la race, et du milieu; aussi dans les unions matrimoniales, les qualités physiques devraient-elles faire l'objet des principales préoccupations des parents, qui, malheureusement, n'y attachent en général qu'un intérêt secondaire. A cet égard, les avantages de l'intelligence eux-mêmes ne sont rien à côté de ceux qu'on trouve dans une beauté saine, une constitution vigoureuse. La nature laissée à elle-même ne s'y trompe d'ailleurs pas. Ainsi que le remarquent Spencer et M. Fouillée, pour exciter l'amour et décider la sélection volontaire, les moyens les plus puissants chez la femme sont ceux qui naissent des avantages extérieurs ; en seconde ligne viennent ceux que fournissent les qualités morales ; les plus faibles sont précisément ceux qui tiennent aux attraits intellectuels ; encore ces attraits dépendent-ils beaucoup moins de l'instruction acquise que des facultés naturelles, telles que la vivacité d'esprit, la finesse, la pénétration, le goût, qui sont, pour ainsi dire, les forces vives de l'intelligence. — En cela la nature agit pour les intérêts de la race ; sa fin suprême est le plus grand avantage de la postérité, son moyen est la sélection des couples les mieux appropriés à ce but. Or, en ce qui concerne la race, une intelligence meublée de connaissances nombreuses, mais avec une mauvaise constitution physique, est de peu de valeur, puisque les descendants, faute de santé, mourront dans une génération ou deux. A l'inverse, une belle et robuste constitution, ne fût-elle accompagnée d'aucun talent, mérite encore d'être conservée, parce que, dans la suite des générations à venir, l'intelligence pourra indéfiniment se développer.

Un physiologiste des plus distingués, M. Ch. Richet, plaide avec énergie la même cause, et déplorant de voir que de nos jours une dot considérable prime tous les avantages personnels, déclare qu'il ne saurait rendre à ses contemporains un plus signalé service qu'en leur démontrant qu'il faut, dans l'intérêt de tous, attacher une importance presque exclusive aux qualités physiques des futurs époux. N'oublions pas le danger pressant que l'abaissement du chiffre des naissances constitue pour notre pays. Le seul moyen de conjurer le mal est de s'attacher à donner à chaque famille une base féconde et saine. Toutes les autres considérations doivent s'effacer devant celle-là ; pour nous, plus que pour toute autre nation, c'est une question de vie ou de mort.

CHAPITRE II.

DE L'HABITUDE.

Un lien étroit rattache la question de l'habitude à celle de l'hérédité, à ce point que les physiologistes croient pouvoir établir en loi que les modifications physiologiques et psychologiques que l'hérédité fixe dans l'espèce, l'habitude les a d'abord fixées dans l'individu.

Pour la définir, l'habitude est la disposition acquise par la répétition des mêmes actes.

Quand nous accomplissons un acte quelconque, notre cerveau et même nos muscles en conservent un souvenir, une trace. Ce quelque chose qui persiste en nous n'a pas seulement la puissance de rappeler l'acte à notre pensée, il a aussi la puissance de nous porter à refaire l'acte déjà fait. Cette puissance est faible d'abord, mais elle s'accroît chaque fois que le même acte est répété, parce qu'alors la trace conservée acquiert, par chaque acte nouveau, une force nouvelle en devenant de plus en plus distincte. Aussi l'habitude arrive-t-elle à nous faire exécuter la plupart de nos mouvements sans aucune délibération préalable ; elle crée même en nous une sorte d'automatisme, dont le docteur Lagrange cite ce curieux exemple dans sa *Physiologie des exercices du corps* :

« Tout récemment, dit-il, j'ai pu observer sur moi-même cette remarquable tendance des mouvements inconscients à rester réguliers malgré l'absence de toute direction cérébrale. Partis de Limoges, un ami et moi, dans un canot à rames, nous avons descendu la Vienne jusqu'à la Loire et la Loire jusqu'à la mer. La manœuvre de la rame nous était assez familière pour être exécutée sans aucune tension du cerveau, et pour ma part j'avais l'esprit complètement libre au point de vue des changements de manœuvre, la direction étant confiée à mon ami, canotier émérite... A maintes reprises, nous avons, à l'insu l'un de l'autre, compté les coups d'aviron avec la montre à secondes, et, pendant la période d'attention, pendant les moments de conversation sérieuse, de discussion animée ou de profonde rêverie, le résultat constaté par lui ou par moi a été constamment le même : 19 coups d'aviron par minute.

«... Ainsi le cerveau, organe de la pensée, peut

cesser de présider à un mouvement sans que celui-ci perde sa régularité et sa précision. Quand un mouvement a été souvent répété, il semble que la moelle épinière en retienne la forme et le mode d'exécution, comme le cerveau retient le son et l'articulation des mots. »

Si intéressant d'ailleurs que soit l'automatisme des muscles, celui de certains actes cérébraux l'est bien plus encore.

Il y a une dizaine d'années, j'avais à accomplir un travail de statistique pour lequel il me fallait faire chaque jour d'interminables additions. Au bout de quelques mois de ce travail, je m'aperçus que, tout en l'effectuant avec exactitude, je pouvais en même temps penser à autre chose. A force de les répéter du matin au soir, les combinaisons des nombres entre eux m'étaient devenues si familières qu'elles se faisaient d'elles-mêmes en mon cerveau, pour ne pas dire en mes yeux. Un jour, la découverte d'un oubli dans les choses auxquelles je pensais à travers mes additions vint me faire sursauter. Du coup, je perdis le fil, non pas de mes idées mais de mes chiffres, et l'ennui que j'éprouvai d'avoir à recommencer l'addition n'en fixa que mieux mon attention sur le fait qui, jusque-là, s'accomplissait à mon insu.

Le meilleur de notre esprit, on le voit, arrive toujours à s'affranchir un peu à la fois de l'assujétissement que lui imposent les travaux d'ordre inférieur, alors même que ceux-ci semblent ne pouvoir admettre aucune distraction. L'accoutumance aidant, notre moi pensant plane au-dessus de l'atelier où notre moi machinal continue à tourner la meule.

On dit souvent d'après Aristote : une hirondelle ne fait pas le printemps, ni une seule action, la vertu. Mais à cela M. Albert Lemoine répond, avec raison, qu'un seul acte suffit au moins pour créer le germe d'une habitude. Ce premier acte est comme le branle indispensable qui tire le mobile de son repos ; le reste n'est plus qu'une continuation, une propagation, une accélération du mouvement primitif. Et, si le proverbe est vrai : *Dimidium facti qui cœpit habet* (la chose commencée est à moitié faite), un premier mouvement, une première action est la moitié d'une habitude. Enfin si, en général, une fois n'est pas coutume, si un seul acte ne peut le plus souvent qu'ébaucher l'habitude, parfois cependant il la crée de toutes pièces et pour la vie. — Il n'y a pas, en effet, une action, si simple qu'elle paraisse, qui n'enchaine avec elle sa suite de conséquences. Les Anglais ont un joli dicton pour exprimer cette vérité d'observation : il n'y a pas un cheveu, disent-ils, qui ne projette son ombre.

Souvent aussi, pour prouver que tout est habitude, on cite ce fait, que le meunier s'endort au tic-tac de son moulin et s'éveille quand le tic-tac s'arrête. Mais le comble, c'est de voir un cabotin s'habituer si bien aux sifflets, qu'il se trouble le jour où ils lui manquent. M. Paul Ginisty nous le prouve à propos d'un acteur de drame du nom de Daiglemont, mort il y a quelques années :

« Daiglemont, son nom évoque les « grandes soirées » de Beaumarchais — de ce pauvre théâtre Beaumarchais — et de Déjazet. Jamais homme ne fut plus tenace que ce grand premier rôle infortuné, qui n'avait réussi à se faire engager... qu'en s'improvisant directeur. Avec quel héroïsme il s'exposait aux lazzis et aux plaisanteries du parterre, sans se laisser désarçonner, sans rien perdre de sa foi en son art, jouant tous les genres et même le classique, sans pouvoir désarmer les railleries.

« Elles l'excitaient, d'ailleurs. Lui qui avait un si bel aplomb, il le perdit un soir tout à coup. Il jouait *Tartufe*. Or, quand, s'adressant à son valet Laurent, il disait : « Si l'on vient pour me voir... »

c'était du délire dans la salle. C'est à ce moment que pleuvaient surtout les quolibets... Une fois, cet hémistiche passa, par hasard, sans encombre, sans être ironiquement relevé. Le bon Daiglemont s'attendait si bien à être « empoigné », selon l'habitude, que le silence du public le déconcerta, que son assurance lui manqua et qu'il s'arrêta court. Le pauvre homme en était arrivé à ne plus pouvoir jouer qu'avec l'accompagnement des sifflets ! »

Devons-nous voir dans l'habitude une suggestion fatale s'imposant à notre volonté, restreignant notre liberté, et partant plus nuisible qu'utile à notre pensée ? Tel était l'avis de Lichtenberg qui, trouvant que l'habitude gâte notre philosophie, et qu'elle est la source de nos préjugés, aurait voulu pouvoir se déshabituer de tout, voir à nouveau, entendre à nouveau, sentir à nouveau. Les penseurs allemands, si prompts à nous taxer de légèreté, sont seuls capables d'émettre des vœux aussi peu réfléchis. Si Lichtenberg s'était rendu compte de ce qu'il souhaitait, il aurait compris que la réalisation de son désir, loin d'assurer la liberté de sa pensée, équivalait à l'anéantissement de son être pensant, tout au moins à sa réduction à l'impuissance. En effet, si toutes nos actions devaient être voulues et réfléchies en leurs détails, nous serions capables de bien peu de choses, et ne ferions sûrement pas dans une journée la centième partie des actes qu'une nécessité absolue nous impose. Nous parlerions notre langue avec les mêmes efforts qu'exige l'emploi d'une langue étrangère, nouvellement et imparfaitement apprise. En écrivant, il faudrait nous appliquer à peindre chaque lettre. L'action de marcher continuerait d'être pour l'homme un sujet de préoccupation et d'étude pendant toute sa vie. Chaque petit mouvement de l'un quelconque de nos membres, s'il nous fallait le raisonner, exigerait de longues combinaisons et des calculs très compliqués, pour trouver le degré d'impulsion à donner aux muscles, aux nerfs, aux fibres, aux fluides vitaux. Tout ce qui passe inaperçu dans notre vie et qui pourtant en fait le fond, absorberait nos forces ; et pour la pensée, pour les affaires, pour les améliorations, pour les découvertes, il ne resterait rien. — Grâce à l'habitude, au contraire, nous accomplissons journellement des prodiges dont il est juste que nous lui sachions gré.

Faut-il aussi regretter que la vertu souvent ne soit que l'habitude de se bien conduire ? Nullement, à notre avis, car si elle était un résultat de ce que les théologiens appellent la grâce efficace, nous ne pourrions la faire naître, tandis que si elle est un effet d'habitude, nous avons un moyen pratique de la susciter où elle manque.

Un de nos moralistes les plus éloquents, M. Jules Simon, s'est attaché à démontrer comment on s'habitue à être honnête homme.

« Si j'entends sans les écouter, dit-il, les bruits de la mer, de la ville, de la forêt, peu à peu ma sensibilité s'émousse, et je cesse de les entendre, ou tout au moins de remarquer que je les entends. Si au contraire je m'étudie à les bien écouter, si je m'efforce de les interpréter et de les comprendre, j'acquiers à la longue une perspicacité merveilleuse. C'est que si l'habitude passive ne fait qu'user mes facultés, l'habitude active les exerce. »

Voilà donc l'origine, l'aspect et la double loi de l'habitude ; l'origine, comme nous l'avons vu tout d'abord, c'est la répétition de la sensation ou de l'action ; la forme, c'est celle de l'instinct ; la loi, c'est que toute affection purement passive diminue, et que toute action augmente et se fortifie par la répétition.

Il ne reste donc plus qu'à appliquer cette loi aux faits constitutifs de la moralité.

« L'honnête a deux soutiens : l'horreur du vice et l'amour de la vertu. L'horreur du vice se perd presque toujours en le fréquentant. On commence par tolérer, et puis on excuse. De l'indifférence en matière d'honneur, à la dépravation, il n'y a qu'un pas. Quand on a volontairement tourné son amour et sa pensée vers le bien, quand on a pendant longtemps pratiqué la vertu, on obtient parmi les autres récompenses, comme la plus immédiate et la plus douce, une habitude de bien sentir, de bien penser et de bien faire, qui nous fait aller au bien par un instinct infaillible, comme l'aiguille aimantée se tourne vers le nord. »

Cette comparaison de l'aiguille aimantée est d'autant mieux venue en matière d'habitude, que par un frottement fréquemment renouvelé l'aimant communique sa vertu au fer.

L'intelligence, la mémoire, l'imagination se fortifient et se développent également par l'habitude : nous le savons par notre expérience et par celle de nos semblables. Pourquoi tous les métiers, tous les arts demandent-ils un long apprentissage ? C'est que tous exigent une habileté de main, une facilité de mouvements qui ne peuvent s'acquérir que par une longue habitude. Ainsi un musicien, si fort qu'il soit d'ailleurs, n'est bien sûr de l'exécution d'un morceau que lorsque, suivant son expression très caractéristique, il l'a dans les doigts, et que ceux-ci l'exécutent pour ainsi dire automatiquement, lui laissant alors toute latitude pour s'occuper exclusivement de l'expression.

Un fait extrêmement intéressant et important à noter au point de vue de l'éducation, c'est qu'on se fait brave par habitude. Les juges les plus compétents en matière de courage militaire l'assurent, et leur témoignage s'accorde avec ce que le docteur Richet dit au sujet de la peur :

« Sur la peur, l'habitude a un tel effet, que rien de ce qui nous est habituel ne peut nous effrayer. L'habitude émousse les émotions les plus fortes, et la peur en particulier. Il n'est pas de danger habituel qui puisse produire la frayeur. De là la facilité et la fréquence de ce qu'on appelle le courage professionnel.

« Je ne voudrais certes pas en médire ; mais ce courage n'est pas du vrai courage, c'est de l'habitude. Le matelot, sur son navire battu par la tempête ; le médecin, la sœur de charité, l'infirmier, dans un hôpital encombré de cholériques, de pestiférés et de varioleux ; le chimiste et le physiologiste au milieu des virus, des corps explosifs et des poisons; l'aéronaute dans sa nacelle ; le couvreur sur son toit ; le toréador dans l'arène, tous ces braves n'ont pas fait preuve de bravoure. Ils n'ont pas peur. Le sentiment du danger inconnu, qui est au fond de toute frayeur, n'existe pas pour eux. Et ils ne raisonnent pas plus leur absence de frayeur que d'autres, qui seraient effrayés, ne pourraient raisonner leur frayeur. L'habitude est là qui les empêche d'avoir peur. Les ouvriers et ouvrières qui fabriquent de la poudre ou de la dynamite sont parfois d'une imprudence telle, et ils ont tellement peu de crainte d'un danger qu'ils connaissent admirablement, mais auquel ils sont habitués, qu'on est forcé de les protéger contre eux-mêmes et de prendre des mesures rigoureuses pour les empêcher de fumer et de manier du feu près de la poudre ; de même encore, dans les mines, les ouvriers mineurs ne prennent pas les précautions nécessaires contre le grisou, contre les éboulements. Ils connaissent le danger ; mais comme il s'agit d'un danger habituel, ce danger ne peut plus leur inspirer de crainte.

« Le courage professionnel, si tant est qu'il soit vraiment du courage, est le plus facile de tous : aussi le rencontre-t-on toujours et presque sans exception. Le vrai courage, ce serait d'affronter sans crainte un danger dont on connaît toute l'importance et dont on n'a pas pris l'habitude. Le couvreur, si brave sur son toit, ferait peut-être une piteuse figure au fond d'une mine ; et je ne sais si le plus brave des mineurs serait très rassuré en se voyant juché au milieu des cheminées presque à pic, à une quarantaine de mètres au-dessus du sol. »

Ajoutons que dans une tempête, à bord d'un navire en détresse, de terribles différences se révèlent parmi les marins qui, jusque-là, pouvaient paraître tous aussi braves les uns que les autres. Chez certains, le péril allant croissant, la peur peut aller jusqu'à l'extrême lâcheté.

Des faits analogues se produisent sur tous les terrains. Parmi les duellistes, par exemple, tel spadassin habile qui, l'épée à la main, semble animé d'un courage à toute épreuve, tremblera honteusement devant un pistolet.

Nous verrons, au chapitre de la formation du caractère, les moyens qui s'offrent à l'éducateur pour développer chez l'enfant le courage physique, et le guérir de la peur quand il y paraît sujet.

En considérant les habitudes professionnelles à un autre point de vue, on remarque qu'elles impriment à tout notre être un certain pli, un certain aspect et des mouvements à l'aide desquels la profession se révèle même aux yeux peu exercés. — Les romanciers ont souvent tiré parti de ces caractères extérieurs pour dessiner leurs personnages. « Chaque profession ou condition sociale, dit Balzac, est un climat qui produit ses espèces, ses variétés distinctes ; on en peut dire autant de chaque période historique. » Pour M. Rabusson, le métier qu'on exerce nous domine toujours moralement par quelque côté : un caissier infidèle tient en partie double la comptabilité de ses vols ; un procureur ou un juge amoureux instruit l'affaire de ses amours. M. Cherbuliez va plus loin encore et, dans *La vocation du comte Ghislain*, il écrit : « Plus j'y pense, plus je me persuade qu'on arrive à la foi par la pratique, que nos actions et nos œuvres décident de nos croyances, que nos habitudes font la destinée de notre esprit... La plupart des hommes d'église ne sont pas devenus prêtres parce qu'ils croyaient, mais croient parce qu'ils sont prêtres. »

D'une façon générale, et à chaque époque, il s'établit certaines associations d'idées communes à la majorité des hommes de cette époque et qui les font tous penser et raisonner d'une certaine façon.

Le nombre des esprits originaux capables de se soustraire à cette influence du milieu est toujours infiniment petit; et, si puissants que ces esprits puissent être, le milieu se réfléchit toujours sur eux. C'est pourquoi, malgré leur caractère propre, tous les écrivains d'une époque ont des idées, des allures qui ne permettent guère de se tromper sur le temps où ils ont écrit. C'est pourquoi encore nous trouvons dans les portraits de personnages des siècles passés, des traits, une physionomie, qui permettent à un œil exercé de les classer à une époque plutôt qu'à une autre, et cela à défaut même d'indication venant des costumes ou d'autres détails.

En ce qui concerne les modifications de nos goûts, nous trouvons à constater une fois de plus les effets diamétralement opposés dus à l'habitude passive et à l'habitude active. Quand nous savons que tous les jours nous aurons la même nourriture, soit la gamelle si nous sommes soldat, soit la bouillie si nous sommes Breton, nous finissons par n'y plus songer; nous mangeons presque inconsciemment, pour nous nourrir et non pour savourer. Si, au contraire, nous avons une certaine latitude pour le choix des mets, la bouillie et la gamelle nous paraîtront bientôt insupportables. C'est l'histoire des domestiques irlandais qui stipulent dans leurs contrats de louage, qu'il ne leur sera pas donné de saumon tous les jours, tandis que les Samoyèdes, dont le nom justement veut dire *mangeurs de saumon*, s'accommodent très bien de ce régime alimentaire.

En dépit des illusions que se font les mères sur la tendresse que leur témoignent leurs chers bébés, en dépit surtout de cette fameuse voix du sang qui a fourni matière à tant de récits plus romanesques que vraisemblables, les affections des enfants ne sont aussi que des habitudes. Les nourrices à gages supplantent facilement les mamans dans le cœur de leurs nourrissons, pour peu qu'elles soient adroites et que leur lait soit abondant. Le rôle si important que joue l'habitude dans les questions de sentiment est bien mis en lumière dans cette page de Bersot, un moraliste chez qui le philosophe se doublait d'un homme de cœur :

« L'enfant caressant est plus aimé de ses parents et les aime davantage, parce qu'il réveille plus souvent l'affection dans leur cœur et dans le sien. Par malheur, l'âge efface insensiblement cette habitude : devenus grands, nous avons honte de la naïveté de nos expansions, nous ne nous apercevons pas que la froideur extérieure dont nous nous enveloppons alors nous passe bientôt jusqu'au cœur. A force de supprimer l'expression d'une émotion, l'homme s'en désaccoutume ; au contraire, la manifestation d'un sentiment l'entretint, le surexcite, l'exalte, comme l'exercice du corps le rend plus fort et plus souple, comme l'usage de la parole accroît l'énergie de l'esprit. Aussi la perte des habitudes caressantes de l'enfance est-elle un grand malheur dans nos mœurs, car c'est une des causes les plus propres à détruire l'affection de famille, qui est la plus douce, la plus sûre et la plus constamment bienfaisante de toutes les amitiés. Que l'on cherche bien, et l'on verra que peut-être du premier jour où l'on a oublié d'embrasser son père ou sa sœur à son lever, on a commencé à les moins aimer. » — Dans un temps où les liens de la famille semblent se relâcher d'une façon si visible que les romanciers eux-mêmes s'en préoccupent (1), le conseil implicite que contient cette observation vaut qu'on s'y arrête ; parents et enfants, chacun doit en faire profit.

Pour conclure, nous avons vu démontrer par un spiritualiste convaincu, par M. Jules Simon, comment on s'habitue à être honnête ; il est curieux

(1) Voir *L'Immortel*, de M. Alphonse Daudet.

de constater qu'au fond les observateurs les moins idéalistes aboutissent à des conclusions à peu près semblables. Voici, en effet, comment l'un d'eux, le Dr Le Bon, s'exprime sur cette intéressante question :

« Les associations qui se forment habituellement dans notre esprit étant l'origine de tous nos jugements, c'est-à-dire de notre façon de comprendre les choses et partant de nous conduire, on comprend la nécessité d'habituer l'esprit, pendant qu'il se forme, à certaines associations. C'est là le but auquel doit tendre toute éducation intelligente... C'est en amenant l'enfant à associer d'une façon indissoluble dans son esprit aux mauvaises actions les sentiments de honte, de douleur et de réprobation, et aux bonnes actions ceux d'honneur et d'estime, qu'on l'habitue, si ses instincts héréditaires ne sont pas trop puissants, à fuir les premières et à aimer les secondes. Ces associations, qui se font péniblement d'abord, deviennent ensuite aussi inconscientes que les mouvements exécutés au son du commandement par un vieux soldat. Ce sont les associations inconscientes ainsi formées dans l'esprit, qui règlent ensuite notre conduite, et non les recommandations banales des moralistes. »

CHAPITRE III.

DE L'ESPRIT D'IMITATION ET DE L'INFLUENCE DE L'EXEMPLE.

Ce que l'habitude est à l'hérédité, l'exemple l'est à l'imitation, et l'imitation l'est à l'habitude.

Contrairement à ce que pense Preyer, pour qui l'imitation est essentiellement volontaire, opinion qu'il formule ainsi : « L'enfant qui imite a déjà sa volonté », nous estimons que, dans le premier âge, l'imitation est le plus souvent inconsciente. Tous les enfants rient quand ils voient rire, bâillent quand on bâille. Nous faisons de même, d'ailleurs, et chacun sait que rien n'est moins volontaire. L'imitation inconsciente rend compte de bien des faits, de celui-ci, entre autres, que, dans une famille où les enfants sont nombreux, les plus jeunes sont souvent plus avancés que ne l'étaient les aînés au même âge.

L'instinct d'imitation, en effet, joue un rôle si actif chez les enfants qu'ils prennent facilement de bonnes habitudes, si seulement on les prêche d'exemple. C'est l'avis de Vauvenargues, disant : « Comme l'enfant est imitateur, l'exemple est plus que les leçons » ; c'est aussi celui de Massillon, pour qui « l'exemple est la voie abrégée de la persuasion ». Et enfin Herbert affirme qu'il n'y a pas d'enfant bien portant qui refuse de travailler lorsqu'il se trouve dans un milieu plein d'émulation pour le travail.

Mme Necker de Saussure fait cette curieuse observation que, dès l'âge de quinze à seize mois, un enfant qui assiste à une lecture sérieuse et voit sur les visages l'expression du recueillement, est bientôt saisi d'un certain respect, et que, si l'on ne prolonge pas trop l'épreuve, le même effet se reproduit dans chaque occasion semblable.

C'est qu'en réalité, et nous y insistons, si jeunes que soient les enfants, pour eux, voir c'est imiter. Aussi imitent-ils dès leur naissance tout ce qu'ils voient faire ; ils sont comme le miroir de nos actions. Si nous ajoutons qu'ils reproduisent plus facilement le mal que le bien, et que l'habitude rend vite indélébiles les mouvements imitatifs les plus involontaires, cette facilité d'imitation devra nous donner beaucoup à réfléchir. Joubert s'étonnait de voir à quel point les mœurs et les humeurs du maître manifestées par sa physionomie ont d'influence sur les enfants, et les forment ou les déforment. Balzac a exprimé la même pensée en ces termes énergiques : « Il est des regards, une voix, des gestes de mère dont la force pétrit l'âme des enfants. »

Devant la puissance de l'influence que les parents peuvent exercer sur leurs descendants, il y a donc lieu de conclure avec Duclos, qu'en France on montre peu de logique à reprocher plus aux enfants la honte de leur père, qu'aux pères celle de leurs enfants. Le contraire serait beaucoup plus rationnel et plus juste. Les Chinois, à cet égard, se montrent plus sensés que nous.

Dans son beau livre sur l'*Education dès le berceau*, M. Pérez fait observer aux parents que l'enfant devant qui l'on ne se gêne pas pour juger les autres d'une façon dénigrante, prendra facilement lui-même l'habitude de les juger plus mal encore. « En effet, il faut avoir le jugement déjà bien formé, pour comprendre le mérite des bonnes actions, qui est très souvent dans l'intention plutôt que dans l'acte. Il est, d'ailleurs, bien rare que les parents habitués à apprécier tout haut les moindres défauts du prochain, ne le fassent pas avec un certain retour sur leurs qualités personnelles. Leur exemple n'est bon qu'à former ce qu'il y a de plus odieux au monde, des critiques en bourrelet. Il en est qui tous les jours passent au crible, en présence de leurs enfants, la conduite, les paroles, les intentions de leurs amis et connaissances ; ils sont quelquefois punis, mais non corrigés de leurs imprudences, par les indiscrétions légendaires de leurs inconscients copistes. »

Dites devant un enfant que telle personne est aimable : il y a cent à parier contre un qu'il ne sera pas tenté d'aller le lui répéter. Laissez-vous aller à dire au contraire qu'elle ne vaut pas cher : ce sera une chance si, à la première occasion, il ne le lui fait pas savoir. Or, comme il nous arrive plus souvent de critiquer que de louer, et que les justes éloges sont un parfum réservé pour embaumer les morts, un misanthrope a pu dire qu'il ne savait pas ce qui était le plus à redouter pour un enfant élevé chez ses parents, ou du salon ou de l'antichambre.

L'action de l'exemple n'est pas seulement immédiate : grâce au souvenir, à la mémoire, elle continue à agir sur nous avec une puissance que souvent même le temps ne fait qu'accroître, en donnant aux actes exemplaires, une beauté, une poésie particulière qui naît de l'éloignement. Parlant de cette efficacité au sujet des héros dont les vertus font partie du patrimoine national, Smiles est convaincu que les mauvaises pensées s'envolent quand l'œil rencontre le portrait d'un de ceux devant qui nous eussions rougi de les avancer. Hazlitt n'est pas moins affirmatif quand, à propos du portrait d'une femme aussi remarquable par le cœur que par sa beauté, il dit qu'il serait impossible de faire une mauvaise action devant cette séduisante et douce image. Aux yeux de ces deux penseurs, le nom et la mémoire des grands hommes sont l'héritage le plus précieux et le plus sûr d'une nation. « Chaque fois que la fibre patriotique commence à battre plus fort, les héros morts surgissent dans la mémoire des vivants et leur apparaissent comme une solennelle approbation. »

S'inspirant de ces mêmes sentiments, M. Pérez s'adresse aux parents et leur dit : « Voulez-vous que l'enfant ait déjà le pressentiment et le préjugé du noble amour de la patrie ? Qu'il vous voie l'aimer et vous l'entende dire avec sincérité, avec transport. » Comme institutrice, Mme Tarissan-Pérez affirme n'avoir trouvé de patriotisme que chez les enfants dont les familles étaient animées de l'amour de la patrie. « A ce point de vue, c'est la famille qui est la meilleure école. » — Tant il est vrai que, pour émouvoir, il faut être ému soi-même, et que ce qui ne brûle pas ne saurait enflammer.

Cette tendance à l'imitation n'est du reste pas spéciale à l'enfance ; elle est de tous les âges et l'homme, sans y songer, continue à imiter jusqu'à sa mort. C'est d'elle que sont nées la peinture et la sculpture. Elle est la source la plus féconde de la littérature, dont malheureusement elle est aussi le fléau.

Diderot établit fort bien qu'on peut faire preuve de génie tout en imitant. « Ceux qui ont créé l'art n'ont eu de modèle que la nature ; ceux qui l'ont perfectionné n'ont été, à les juger à la rigueur, que les imitateurs des premiers, ce qui ne leur a point ôté le titre d'hommes de génie, parce que nous apprécions moins le mérite des ouvrages par la première invention et la difficulté des obstacles surmontés que par le degré de perfection et d'effet. Celui qui invente un genre d'imitation est un homme de génie ; celui qui perfectionne un genre d'imitation inventé, ou qui y excelle, est aussi un homme de génie. » — Le cercle des idées humaines est trop borné pour que les idées anciennes ne reparaissent pas dans les œuvres plus modernes. Voltaire là-dessus estime qu'il en est des livres comme du feu dans nos foyers : on va prendre ce feu chez son voisin, on l'allume chez soi, on le communique à d'autres, et il appartient à tous. On sait avec quelle verve poétique Alfred de Musset a répondu à ceux qui ne voyaient en lui qu'un imitateur de Byron :

Byron, me direz-vous, m'a servi de modèle.
Vous ne savez donc pas qu'il imitait Pulci ?
Lisez les Italiens, vous verrez qu'il les vole.
Rien n'appartient à rien, tout appartient à tous.
Il faut être ignorant comme un maître d'école
Pour se flatter de dire une seule parole
Que personne ici-bas n'a pu dire avant vous.
C'est imiter quelqu'un que de planter des choux !

Il faut reconnaître qu'on peut faire un chef-d'œuvre en imitant une œuvre manquée, et que dans tous les arts possibles, il est des perfectionnements qui dépassent de beaucoup en importance l'invention à laquelle ils s'appliquent. Par exemple, celui à qui on devra le moyen de diriger les ballons aura certainement fait preuve d'un génie supérieur à celui de l'inventeur de la mongolfière. Mais il y a un abîme entre l'imitation servile et l'art proprement dit, qui, lui, n'existe qu'à la condition de faire un choix dans les détails des choses dont il s'inspire. Sinon la photographie serait le dernier mot de l'art du dessin, la sténographie celui de l'art littéraire, le moulage celui de la sculpture, et enfin le piano à manivelle le dernier mot de la musique.

Plus loin, quand nous en serons aux applications particulières, nous verrons le rôle essentiel que joue l'imitation dans l'acquisition du langage.

En fait d'art, Spencer et Bain sont amenés à penser qu'en raison de ce que, dans leurs premières années, les enfants « grands imitateurs essaient de tout dessiner », l'enseignement du dessin devrait précéder celui de l'écriture. — Pour réaliser cette idée, peut-être aurions-nous à nous inspirer de l'exemple des Japonais. On sait avec quelle hardiesse, quelle sûreté de main et quel sens du mouvement, les artistes de ce pays reproduisent dans leurs dessins les raccourcis les plus extraordinaires. Chez eux, cette faculté n'est du reste pas le privilége exclusif des artistes de profession, et tous les lettrés paraissent la posséder plus ou moins. Nous n'avons malheureusement que des indications sommaires, beaucoup trop sommaires, sur la façon dont on enseigne là-bas les éléments du dessin et de l'écriture. D'après ces indications, l'enfant n'aurait pas le loisir d'appuyer son avant-bras sur un pupitre comme point d'appui ; il devrait tenir les bras écartés du corps et tracer ses caractères à main levée, afin d'avoir une grande liberté de mouvement dans tous les sens. Si réellement il en est ainsi, il est évident que, pour tracer des lettres ou des traits avec un pinceau, et sur un papier qui ne se prête ni aux retouches ni aux grattages, l'élève est obligé de faire grande attention, car il arrive à acquérir assez vite la précision et l'assurance nécessaires. Cette gymnastique nous rappelle ce que le grand artiste Charlet a écrit sur l'avantage qu'on peut retirer de l'emploi de la plume pour le dessin.

« La plume, dit-il, est un outil excellent, commode et peu dispendieux ; il donne à la main résolution et fermeté dans l'exécution. Avec lui, point de tâtonnements ; il faut aborder la difficulté, sauter le fossé sans le sonder ; il guérit de la frayeur en faisant oser ; et, en toutes choses, il faut oser, oser faire mal même; c'est un courage qu'il faut avoir, autrement on n'arrive pas ; car souvent qui veut trop bien faire, ne fait rien de bien. »

Nous croyons intéressant de rapprocher de ce conseil de Charlet, ces passages d'Amiel sur l'art d'écrire :

« Il convient de s'exercer au mot unique, c'est-à-dire *au trait à main levée*, sans repentir. Mais, pour cela, il faut se guérir de l'hésitation, il ne faut pas douter. L'expression unique est une intrépidité qui implique la confiance en soi et la clairvoyance..... — Quand je pense que j'ai toujours ajourné l'étude sérieuse de l'art d'écrire, par tremblement devant lui et par amour secret pour sa beauté, je suis furieux de ma bêtise et de mon respect. L'aguerrissement et la routine m'auraient donné l'aisance, l'assurance, la gaieté, sans lesquelles la verve s'éteint. »

Le malheur est que les gens modestes et timides, tout en sentant en eux des germes de talent, n'osent guère mettre en pratique ce conseil d'oser; tandis que les outrecuidants s'en autorisent avec empressement, pour justifier leur outrecuidance et s'en faire un mérite.

Au point de vue physiologique, on remarque que le visage d'une personne qui écoute prend ordinairement l'expression du visage de celle qui lui parle et que, par suite, une longue et parfaite communauté de sentiments établit, entre deux époux, des rapports de physionomie, une sorte de ressemblance.

Pour ma part, j'ai pu constater que cette ressemblance acquise se marquait de la façon la plus singulière dans l'accent, dans la voix. Un jour, rentrant chez ma mère, j'entends à travers la porte du salon une voix nazillarde que je reconnais pour celle d'un individu qui, à tort ou raison, m'était peu sympathique. Je passe dans une autre chambre et, au dîner, je demande à ma mère ce que ce monsieur était venu faire chez elle. Ma mère rit, et il se trouve que ce monsieur était une dame : c'était sa femme dont ma mère avait reçu la visite. Cette femme, par l'effet de l'imitation et la force de l'habitude, s'était mise à parler du nez comme son mari, même inflexion de voix, même timbre. — C'est ainsi qu'à notre insu nous prenons si facilement l'accent local d'un pays qui pourtant n'est pas le nôtre.

Une des preuves les plus saisissantes qu'on puisse donner de la puissance de l'esprit d'imitation, c'est qu'elle va jusqu'à triompher de l'instinct de conservation, le plus fort de tous les instincts. Il en est ainsi dans les cas de suicide par imitation. Nous avons dit un mot de ces phénomènes de physiologie, pour les distinguer de ceux qui sont l'effet d'une manie héréditaire ; en certaines circonstances, ils sont tellement nombreux qu'ils prennent le caractère d'une véritable épidémie. On se souvient que, sous le premier Empire, au camp de Boulogne, un soldat s'étant suicidé dans une guérite, plusieurs autres soldats successivement se suicidèrent dans cette même guérite et dans les mêmes conditions. Napoléon, informé du fait, donna l'ordre de brûler la guérite, et les suicides cessèrent.

Si active que soit l'influence de l'exemple sur les individus pris isolément, elle agit de bien autre façon sur les foules, sur les grandes assemblées. — La foule n'a d'autre loi que les exemples, dit Massillon. Tous les mouvements qu'on voit se produire au sein d'une populace agitée sont faits pour justifier cette parole du grand orateur. La sensibilité des masses à l'influence, à la contagion de l'exemple, en bien comme en mal, ne saurait se comparer à rien; elle engendre parfois de tels excès, de tels crimes que ceux mêmes qui les ont commis ne peuvent y croire le lendemain. C'est une sorte de délire, ce qu'on pourrait appeler l'ivresse des foules.

Sur les champs de bataille, il suffit souvent d'un mot énergique, d'un exemple héroïque, pour électriser les hommes et leur faire accomplir l'impossible. — En revanche, les paniques souvent se produisent sans qu'on sache pourquoi. Ces affolements qui s'emparent des hommes se manifestent de même parmi les animaux. Ce que les paysans, dans certaines régions, appellent le coup de frayeur, paraît facile à provoquer au milieu d'un grand marché rassemblant de nombreux bestiaux.

Dans la sphère des choses de croyance, depuis le fétichisme le plus grossier jusqu'aux manifestations du sentiment religieux le plus élevé, les effets de l'exaltation des croyants rassemblés confondent la raison. Ici, par l'influence du moral sur le physique, on voit, dans les maladies nerveuses, s'accomplir de véritables miracles de guérison ; là, on voit des fanatiques s'infliger les supplices, les mutilations les plus atroces, sans paraître les ressentir. Pascal, dans une de ses Pensées sur la religion, dit qu'il croit volontiers les histoires dont les témoins se font égorger. La vérité, c'est qu'il n'est pas de croyance qui n'ait eu ses martyrs, et que, tout compte fait, l'erreur en a plus que la vérité. Les apologistes du christianisme ne sont donc pas fondés à tirer de la mort des martyrs la preuve irrécusable que les opinions pour lesquelles ils se sacrifiaient devaient être vraies. Comme le dit très bien M. Gaston Boissier, le raisonnement en soi n'est pas juste, et d'ailleurs l'Église en a ruiné la force en traitant ses ennemis comme on avait traité ses enfants. « En présence de la mort courageuse des Vaudois, des Hussites, des Protestants qu'elle a brûlés ou pendus, sans pouvoir arracher aucun désaveu de leurs croyances, il faut bien qu'elle renonce à soutenir qu'on ne meurt que pour une doctrine vraie. »

Au théâtre, comme nous pouvons le constater tous les jours, ne dirait-on pas qu'en entrant nous prenions une sensibilité nouvelle et collective ? Nous y ressentons à chaque moment ce que sentent non seulement tous ceux qui sont dans la salle, mais encore tous ceux qui pourraient y être. C'est une contagion que nous subissons à notre insu et involontairement. Il s'établit ainsi, sans qu'on puisse bien dire comment, ce qu'on appelle la moralité de convention. Cette moralité varie avec les milieux. Aussi, chacun y apporte-t-il des dispositions particulières, des scrupules inconnus. Tel mot, telle idée, telle situation, dont il ne serait pas gêné pour lui-même, le gênent à cause de son voisin ou de sa voisine. Toutefois, nous sommes loin de partager cette opinion que si les hommes se réunissent en grand nombre, c'est pour se croire meilleurs qu'ils ne sont, « pour communier dans la vertu. » Pour se convaincre du contraire, il suffit de voir comme, dans les cafés-concerts et autres lieux analogues, les plus gros succès sont réservés aux plus grosses grivoiseries.

Parlant du théâtre, où tout est convention,

imitation, nous ne pouvons nous dispenser de dire un mot de l'artiste dramatique et de sa profession, vers laquelle aujourd'hui bon nombre de fils de famille tournent les yeux, séduits qu'ils sont par les avantages matériels qu'elle semble devoir leur procurer à peu de frais. En effet, il n'y a qu'une qualité indispensable au comédien, le talent d'imitation; et elle peut, à la rigueur, le dispenser de beaucoup d'autres. Elle se concilie parfois avec une remarquable médiocrité d'intelligence. Aussi l'art théâtral ne sera-t-il jamais un art de premier rang. En ce qui touche les comédiens, si adulés qu'ils soient de nos jours, il faut bien remarquer qu'il suffit de la moindre incartade de leur part pour que le public ne veuille plus voir en eux que des instruments de ses plaisirs, et les rappelle durement au sentiment de leur dépendance devant lui. Un moraliste du siècle dernier disait : « Un comédien est moins qu'un homme ; une comédienne est plus qu'une femme. » M. Larroumet, rappelant cette boutade, trouve que, si elle est injuste pour le comédien, elle renferme pour la comédienne une part de vérité. « La femme de théâtre ajoute à sa séduction personnelle celle des rôles qu'elle représente. Elle est tour à tour Chimène et Phèdre, Célimène et Silvia. On a fait cette remarque fine et juste que l'on voit le comédien à travers le rôle, et le rôle à travers la comédienne. C'est qu'au théâtre il y a généralement entre l'homme vrai et le personnage fictif une disproportion qui n'existe pas pour la femme... On peut, dit-on, faire une duchesse d'une grisette. Cette galante réflexion s'appliquerait mal à l'autre sexe. »

Malgré tous les avantages que la femme trouve à la scène, c'est pourtant une comédienne, Madame Sarah Bernhardt, qui formule sur l'art théâtral ce jugement, conforme au nôtre : « J'aime mon art lorsque je suis en scène ; mais, le charme rompu, je le trouve secondaire. » — Et quant aux jeunes filles qu'attire le théâtre « dont les planches sont glissantes et où le meilleur roule avec le pire », si elles n'ont pas le diable au corps et veulent rester honnêtes, nous les engageons à méditer ce passage de la remarquable conférence de M. Paul Foucart sur *La condition industrielle des femmes* :

« Nul plus que moi n'admire et n'applaudit les interprètes éminentes en qui s'incarnent les conceptions de nos grands poètes et de nos grands musiciens, en qui revivent tantôt les héroïnes de Shakespeare, de Corneille et de Molière, tantôt celles de Gluck, de Mozart et de Rossini. Mais on ne peut nier qu'elles ne soient, d'ordinaire, victimes aussi bien que prêtresses de leur art. Sans avoir à donner d'arguments personnels à l'appui de ma thèse, je n'ai pas non plus grande foi dans la vertu des ballerines ; je doute que le foyer de la danse à l'Opéra ait jamais édifié personne, et que l'étude des ronds de jambe soit le plus sûr moyen de former le cœur des jeunes filles. Aux actrices qui succombent, je suis, du reste, disposé à accorder mille circonstances atténuantes. Comment, en bonne justice, exiger d'elles l'absolue impassibilité dont parle Diderot dans son *Paradoxe sur le comédien*? Comment vouloir qu'elles jouent l'amour le plus enflammé sans se brûler quelque peu ? On en cite dont la réputation n'a jamais souffert d'atteintes. Toutefois, en dépit de ces rares exemples, si, avec moins de peine et plus de sûreté, une femme veut, quand même, être honnête et passer pour telle, qu'elle n'hésite point, et qu'elle préfère aux bruyants applaudissements de la foule les seules caresses de ses enfants ! »

Ayant passé en revue les choses où éclate le plus vivement la puissance de l'imitation, nous croyons avoir démontré en même temps l'importance capitale de l'exemple. Il est d'un intérêt majeur pour les parents de tenir compte de cette influence, aussi ne sauraient-ils trop se pénétrer des conseils que Spencer leur adresse en ces termes convaincus :

« En même temps que vous élèverez vos enfants, vous devrez vous élever vous-mêmes. Il faut refaire votre éducation en faisant la leur... Au point de vue moral, vous devrez faire un constant appel à vos sentiments les plus nobles et réfréner vos sentiments moins élevés. C'est une vérité trop peu reconnue encore, que la phase supérieure du développement mental chez l'homme et chez la femme ne peut être atteinte que par l'accomplissement convenable des devoirs paternels. Et quand on aura reconnu cette vérité, on verra combien est admirable cet arrangement des choses qui conduit l'être humain, par le moyen de ses affections les plus fortes, à se soumettre à une discipline que, sans cela, il éluderait. »

Nous reviendrons souvent sur l'idée qui fait le fond de ces conseils émus; chaque fois que l'occasion s'en présentera, nous y insisterons sans craindre de nous répéter, car, en matière d'éducation, elle est l'alpha et l'oméga, le commencement et la fin de tout.

CHAPITRE IV.

POURQUOI LES SOUVENIRS DES ENFANTS NE REMONTENT GUÈRE AU DELÀ DE LEUR CINQUIÈME OU SIXIÈME ANNÉE.

Des indications fournies sur les aptitudes par la mémoire individuelle. — De la mnémotechnie et du développement de la mémoire.

Il serait extrêmement intéressant de pouvoir nous souvenir de nos toutes premières impressions. Malheureusement celles-ci nous échappent presque complètement ; notre esprit n'en garde pas trace.

En général, nos souvenirs ne sont guère antérieurs à notre sixième année. Jusqu'à cet âge, où il commence à distinguer l'impossible du possible, l'enfant vit comme dans un rêve des moins cohérents; croyant que tout ce qu'il imagine arrive ou peut arriver, il est naturellement en dehors de la réalité. Les choses telles qu'elles lui apparaissent, avec des formes aussi indécises, aussi mobiles que ses vagues idées, sont tellement différentes de ce qu'elles lui seront plus tard, qu'il ne peut y avoir aucun lien, aucune corrélation dans ses impressions à leur égard. En raison de cette modification incessante, de cette fluidité de son être, il se fait comme une foule de cassures entre ses sensations de la veille et celles du lendemain. Ainsi en va-t-il de nos rêves : ceux du milieu de la nuit nous échappent ; les seuls que nous puissions saisir sont ceux qui se rapprochent de l'heure du réveil, quand l'aube commence à poindre et que le jour se fait dans notre esprit comme dans la nature.

Il se produit aussi ce phénomène singulier que certaines de nos impressions d'enfance nous reviennent plus facilement à l'âge d'homme, alors que nous en sommes plus loin, qu'à l'âge de dix ou quinze ans, quand nous en sommes encore tout près. M. Pérez explique cette singularité d'une façon très compréhensible. « Ce qui manque le plus souvent à nos souvenirs pour faire image, pour éveiller la conscience, ce sont les circonstances de temps et de lieu, en un mot, c'est le cadre. Or, le cerveau de l'enfant s'enrichit à chaque instant d'impressions touchant par quelques points aux anciennes ; capable d'un travail plus prolongé et plus ample, il a des occasions de plus en plus nombreuses et une facilité de plus en plus grande de reproduire certaines de ces images longtemps étouffées sous la masse des impressions courantes. Tout le développement de l'intelligence, ou, si l'on veut, du cerveau, vient donc naturellement en aide à la mémoire. »

Pour mon compte particulier, cherchant à retrouver quelque vestige de ma première enfance, je me souviens distinctement d'avoir été mené tout petit, par un temps de gelée, à une messe de minuit. — Du milieu de mon sommeil, les yeux à demi-clos, je me sens transporté près du feu, dans la salle à manger, où l'on s'agite, où l'on m'habille, puis dans la rue, où il faisait froid, et où j'entends encore claquer mes petits sabots sur le pavé couvert de points brillants... Je sens ma main frissonner dans la main épaisse d'une jeune bonne, et je retrouve jusqu'au son de voix de ma mère, me disant avec une insistance où je perçois aujourd'hui le sentiment qu'elle devait avoir de mon vague malaise : « Eh bien ! tu es content ! Nous allons voir le petit Jésus ! »

A l'église, toute pleine de gens, derrière qui je ne pouvais entrevoir que les pointes lumineuses des cierges de l'autel ennuagé d'encens, je cherche à me hisser et demande qu'on me porte. La bonne m'élève sur ses bras, et mes yeux impatients cherchent le petit Jésus que je devais voir. — Comment un miracle annoncé par ma mère eût-il pu me paraître impossible ? Plus il eût été merveilleux, mieux il eût répondu à l'état de mon esprit. Un gros chagrin me venait de ce que certainement le miracle se faisait là-bas, au fond, où ça fumait, et que je ne pouvais pas le voir. — Je me souviens enfin du retour à pas pressés, par un froid devenu plus sensible... d'une tasse de chocolat bien chaud prise à la rentrée chez nous.., puis, plus rien... le sommeil m'ayant sans doute rendu aux miracles du rêve.

Ce souvenir, comme j'ai pu le constater plus tard, se rattache à une époque où j'avais un peu plus de cinq ans.

Une observation d'un caractère général confirme toutes les remarques individuelles qui ont été faites sur l'âge avant lequel personne ou presque personne n'a de souvenirs ; elle ressort d'une étude récente sur les aveugles.

Ceux que la cécité a atteints avant cinq ans n'ont jamais de rêves visuels, preuve que leur cerveau n'a pas gardé d'impressions dues à la vision. Parmi ceux qui sont devenus aveugles entre cinq et sept ans, plusieurs ont de ces rêves ; ceux qui le sont devenus après sept ans en ont tous. Pour les premiers, de même que pour les aveugles-nés, les rêves roulent exclusivement sur des impressions venant de l'ouïe, du tact, du goût, des organes du mouvement, etc.

Donc la mémoire de l'enfant est toute *sensorielle*. Ce n'est point par leurs liaisons logiques qu'il retient les détails. Loin de là : à cet égard, sa mémoire est impuissante ; il ne distingue pas les choses ; il ne les localise pas, ne les rapporte pas à leur milieu, à leur juste place ; ce n'est qu'en avançant en âge qu'il voit ses souvenirs se faire peu à peu *intellectuels*. On peut facilement s'en rendre compte. Ainsi, par exemple, vous menez de trop bonne heure un enfant au Musée du Louvre, et vous essayez de lui faire admirer quelque tableau d'un grand maître. « Il ne vous contredit pas, dit M. Maillet, à qui nous empruntons cette remarque ; il convient que *c'est joli*. Mais ce qui lui a plu, c'est un détail, un accessoire ; l'ensemble a été pour lui lettre close. C'est que le sens esthétique n'est pas encore, chez lui, assez développé pour lui permettre de faire la synthèse des divers éléments qui entrent dans ce tableau et d'éprouver dans ses complexités l'impression artistique qui s'en dégage pour nous. » — Et cependant l'enfant adore les images ; mais il faut qu'elles lui racontent des histoires mises en menus morceaux, ou qu'elles représentent des soldats, des animaux, détaillés un à un. Pour nous, où son indifférence est complète, c'est devant le paysage peint, que si peu de gens d'ailleurs sont à même de juger avec compétence. Outre le sens esthétique, il y faut le sentiment de la nature, et l'on sait que ce sentiment est de ceux qui se sont développés le plus tardivement chez l'homme. — Les anciens ne cultivaient pas le paysage ; les artistes du moyen âge le négligeaient au point d'en arriver à peindre leurs figures sur des fonds d'or. Considéré comme genre à part, il est donc d'origine moderne, et l'enfant, si *moderniste* que soit son milieu, est de tous points un *primitif*.

Si, comme nous l'avons vu, les souvenirs d'enfance sont peu nombreux, en revanche ce sont ceux qui laissent en nous la trace la plus durable. Un éminent psychologue, M. Fouillée, rapporte qu'en Amérique, un nombre considérable d'Allemands et de Suédois, peu avant de mourir, prient dans leur langue maternelle qu'ils n'ont souvent pas parlée depuis cinquante ou soixante ans. Winslow note aussi que des catholiques convertis au protestantisme ont, pendant le délire qui précédait leur mort, prié uniquement d'après le formulaire de l'Église romaine. « Ces effets sont causés tantôt par une circulation fébrile du sang, qui donne une activité anormale à certaines portions du cerveau ou à certains systèmes de réflexes (1), tantôt par une régression (2), qui, ayant détruit les souvenirs les plus récents, ramène à la lumière des couches profondes et oubliées : par exemple, des impressions et passions de la jeunesse, des croyances anciennes auxquelles il résulte qu'on revient par une sorte de conversion. Ce phénomène s'observe souvent chez les mourants. Certains retours religieux de la dernière heure dont on a fait grand bruit ne sont, pour une psychologie clairvoyante, que l'effet nécessaire d'une dissolution sans remède. »

Je crois qu'on peut expliquer de la même façon

(1) Réflexe se dit de certains mouvements qui se font d'eux-mêmes sans que notre volonté y soit pour rien, à la suite de certaines impressions de nos sens. L'éternuement venant du chatouillement du nez est une action réflexe. C'est par une action réflexe que nous retirons un membre qu'on nous pince dans le sommeil et sans nous réveiller.

(2) Régression, figure de style qui consiste à reprendre à la fin de la phrase les mots qui se trouvent au commencement, en les rangeant dans un ordre inverse, ou en les expliquant un à un.

ces réveils subits de vagues impressions qui parfois nous donnent l'idée d'une vie antérieure, d'une existence déjà vécue. Nous pouvons tenir pour assuré que ces impressions sont ravivées par certaines sensations physiques, analogues ou identiques à celles qui ont jadis accompagné la perception des choses dont nous n'avons plus qu'un souvenir trop indécis, pour pouvoir les localiser dans le temps et dans l'espace. Certains observateurs vont même plus loin : ils estiment que de toutes les choses auxquelles l'enfant a prêté attention à un moment donné, aucune ne s'efface complètement de sa mémoire, et qu'il suffit d'une circonstance favorable pour que celles qui semblent le plus oubliées se retrouvent dans son esprit. A l'appui de cette opinion, on peut invoquer les deux faits suivants cités, l'un par Abercrombie, l'autre par Carpenter, et repris par M. Ribot dans son livre sur la mémoire.

« Une dame à la dernière période d'une maladie chronique fut conduite de Londres à la campagne. Sa petite fille, qui ne parlait pas encore (ce qui suppose un enfant de moins de deux ans), lui fut amenée, et, après une courte entrevue, fut reconduite à la ville. La dame mourut quelques jours après. La fille grandit sans se rappeler sa mère jusqu'à l'âge mûr. Ce fut alors qu'elle eut l'occasion de voir la chambre où sa mère était morte. Quoiqu'elle l'ignorât, en entrant dans cette chambre, elle tressaillit. Comme on lui demandait la cause de son émotion : « J'ai, dit-elle, l'impression distincte d'être venue autrefois dans cette chambre. Il y avait dans ce coin une dame couchée, paraissant très malade, qui se pencha sur moi et pleura. »

Voici l'autre exemple : « Un homme doué d'un tempérament artistique très marqué (ce point est à noter), alla avec des amis faire une partie près d'un château du comté de Sussex, qu'il n'avait aucun souvenir d'avoir visité. En approchant de la grande porte, il eut une impression extrêmement vive de l'avoir déjà vue, et il revoyait non seulement cette porte, mais des gens installés sur le haut et, en bas, des ânes sous le porche. Cette conviction singulière s'imposant à lui, il s'adressa à sa mère pour avoir quelques éclaircissements sur ce point. Il apprit d'elle qu'étant âgé de *seize mois*, il avait été conduit en partie dans cet endroit, qu'il avait été porté dans un panier sur le dos d'un âne ; qu'il avait été laissé en bas avec les ânes et les domestiques, tandis que les plus âgés de la bande s'étaient installés pour manger au-dessus de la porte du château. »

On voit, par ces deux faits, de quelle étonnante

force de réviviscence font prouve nos premières impressions, et aussi l'intime relation qui existe entre l'attention et la mémoire, entre l'intérêt que nous avons attaché aux choses et le souvenir que celles-ci nous laissent. Il y a là une sorte de thermomètre moral auquel nous pouvons recourir avec avantage, quand nous incombe la tâche si difficile de juger des dispositions d'un enfant pour tel ou tel enseignement. D'un écolier dont la mémoire ne garderait rien de ses leçons de récitation portant sur des morceaux de littérature ; de celui à qui la forme essentiellement mnémotechnique du vers ne serait d'aucune aide, on peut, sous la réserve indiquée plus loin par un professeur expérimenté, dire qu'ils ne sont doués ni pour l'art d'écrire, ni pour l'art de parler. En pareil cas, ce n'est pas la mémoire qui est rebelle, comme on le croit généralement, c'est l'intérêt qui a manqué au point initial. L'attention, en effet, nous amène à mieux connaître dans son ensemble et dans ses détails l'objet sur lequel elle se fixe. En reconnaissant qu'elle est une des causes de la vraie mémoire, nous comprenons, en outre, que les gens distraits ne peuvent avoir une mémoire exacte, ni être bien sensibles ; car le manque d'attention vient de ce que la sensibilité fait défaut : jamais nous n'oublions ce qui nous a ému.

Chez un même individu, les organes des sens et les portions du cerveau qui y correspondent sont toujours plus ou moins inégalement développés. Telles parties du système nerveux sont plus aptes que d'autres à recevoir les impressions des sens, à en conserver l'empreinte, à les reproduire et à répéter les actes qui s'en suivent. En d'autres termes, à chaque sens correspond une mémoire qui lui est corrélative, de sorte que la prépondérance d'un système d'organes crée une supériorité pour un groupe de souvenirs. De son côté, l'intelligence a, comme le corps, ses tempéraments, qui résultent de la prédominance de tel ou tel ordre de sensations dans les habitudes de l'esprit. De cette double cause naissent les aptitudes ; par exemple, si certains écoliers apprennent plus facilement les vers, et d'autres la prose, la raison en est que chez les premiers c'est l'impressionnabilité qui domine, et, chez les autres, la réflexion. « Quand on apprend des vers, dit M. Eugène Maillet, l'idée est comme soutenue par la forme poétique ; elle est intimement liée au sentiment de la mesure et de la rime ; au contraire, la mémoire de la prose exige surtout l'aptitude à noter et à fixer dans son esprit le développement rationnel d'une suite d'idées. »

Parmi les faits d'ordre physiologique, au moyen âge, on contestait que l'odorat eût à lui sa mémoire spéciale. La vérité est que la mémoire des odeurs et des saveurs est plus faible que celle des phénomènes perçus par les autres sens. C'est pourquoi nous n'avons presque jamais de rêves roulant sur des sensations olfactives. — Le sens dont la mémoire est incomparablement la plus étendue, c'est l'ouïe. Quand on pense au nombre infini de mots qu'un homme peut retenir, aux inflexions, aux accents, aux intonations diverses dont chaque mot peut être accompagné, si l'on songe qu'il peut encore y ajouter les bruits infiniment variés de la nature et enfin un vaste répertoire d'airs de musique, on sera étonné, confondu. En certains hommes cette mémoire semble n'avoir pas réellement de bornes ; on a très judicieusement observé que l'étendue extraordinaire de cette mémoire tient à ce que la plupart des sens se prêtent à une imitation, une reproduction facile et prompte : on sent, en effet, qu'un son qu'on peut imiter ou reproduire plusieurs fois se grave mieux dans l'esprit qu'une image qu'on voit, mais qu'on ne reproduit pas, parce que ce serait trop difficile et que cela demanderait une étude spéciale. La plupart des écoliers constatent qu'ils apprennent plus vite leurs leçons en les répétant à mi-voix : c'est que par ce moyen l'oreille vient en aide aux yeux et à l'esprit.

S'il y avait à insister sur les preuves des inégalités et des bizarreries de la mémoire, on en trouverait de palpables chez les idiots qui offrent tant d'inégalités dans le développement cérébral. Ainsi l'un d'eux se rappelait tous les enterrements qui avaient eu lieu dans sa commune depuis trente-cinq ans. Il pouvait dire l'âge, la maladie des personnes enterrées, ainsi que le nom de ceux qui avaient conduit le deuil. Et il était hors d'état de répondre à aucune autre question.

Les différences sont moins sensibles entre individus pris dans les conditions moyennes les plus ordinaires ; mais elles s'accusent néanmoins pour tous, chacun ayant son genre de mémoire. Ce genre se constitue d'abord de l'espèce particulière des notions que l'individu a acquises, car on ne se rappelle évidemment que ce qu'on a su ou vu une fois, et puis, en second lieu, de l'espèce de rapports dont on a l'esprit frappé plus particulièrement. Les uns se rappellent de préférence les figures géométriques, ce sont les individus nés mathématiciens ; les autres, les mélodies, ce sont les musiciens ; d'autres encore ont plus de mémoire pour les nombres, etc. Ces aptitudes, faibles chez les uns, arrivent à marquer chez d'autres d'une façon merveilleuse. Nous avons déjà eu l'occasion de citer comme calculateur-né le pâtre Henri Mondeux. Plus près de nous, en 1880, on a exhibé à Paris un jeune Piémontais de onze ans, sans aucune instruction. Cet enfant, au front proéminent, au crâne tellement volumineux par rapport à sa taille qu'il semblait affecté d'hydrocéphalie, possédait à un degré tout à fait surprenant la mémoire des chiffres, et il effectuait les calculs mentaux les plus compliqués : multiplication de nombres de six à huit chiffres, extraction de racines carrées et de racines cubiques, etc. Il ne connaissait pas d'ailleurs le premier mot des théories de l'arithmétique. — Certains peintres peuvent faire de mémoire un portrait riche de détails. Mozart a noté le *Miserere* de la chapelle Sixtine après l'avoir entendu deux fois. Bien d'autres, moins connus, ont accompli des tours de force analogues.

« La mémoire verbale se rencontre presque chez tous les enfants et s'affaiblit quand la réflexion se développe, excepté chez ceux qui sont appelés à se distinguer comme orateurs ou comme... bavards. En général, l'enfant ou l'homme primitif est surtout frappé des rapports de couleur, de nom, en un mot des rapports extérieurs. Ainsi un premier objet lui vient-il à l'esprit, cet objet le conduira aussitôt à se rappeler un autre objet qui était à côté, et qui n'a avec le premier que ce rapport tout superficiel. De même les esprits brillants et faciles sont précisément ceux qui sont surtout sensibles aux rapports extérieurs, car il est prouvé que la liaison des idées se fait d'autant plus vivement que le lien de l'une à l'autre est plus léger. »

Quelles que soient ses diversités et ses inégalités, la mémoire comme toutes nos autres facultés est susceptible de culture ; elle se fortifie par l'habitude, et l'exercice la développe toujours. Ainsi beaucoup de jeunes garçons et de jeunes filles qui ont traversé l'école sans pouvoir rien ou presque rien apprendre de ce qui s'y enseigne, montrent ensuite, dans les métiers qu'ils exercent, une *mémoire spéciale* très suffisante et quelquefois même étonnante.

Tout ce qui contribue à éclairer l'intelligence profite à la mémoire, au moins à la mémoire synthétique, celle des idées générales ; mais le phénomène par lequel s'opère la réminiscence est la liaison ou l'association des idées. Aucune réminiscence, si spontanée et involontaire qu'elle puisse nous paraître, ne naît sans cause dans notre esprit ; c'est toujours une perception nouvelle ou une autre réminiscence produite elle-même par une perception qui en est la cause occasionnelle. Ainsi, lorsqu'on nous éveille au moment d'un rêve, si nous n'en retrouvons d'abord aucun souvenir, c'est que parmi les objets qui frappent alors notre vue, aucun ne présente de liaison avec ceux de notre rêve. Souvent, au milieu de la journée, le souvenir de ce rêve nous revient tout à coup : c'est que notre perception est tombée sur un des objets qui nous ont occupé en songe. — Il y a lieu de remarquer ici que cette explication concorde de tous points avec celle des souvenirs de la première enfance. — A la façon des enfants aussi, les esprits peu cultivés ou distraits associent facilement les choses qui n'ont que des ressemblances apparentes. C'est par une association de ce genre, dit le docteur Le Bon, qu'ils considèrent une baleine et un poisson comme deux êtres fort rapprochés, et une baleine et une chauve-souris comme deux êtres fort éloignés ; c'est cependant le contraire qui est exact : sous leur divergence apparente le naturaliste sait retrouver des ressemblances qui permettent de classer ensemble la baleine et la chauve-souris, comme mammifères, et sous leur analogie apparente, il sait voir les différences qui séparent entièrement la baleine du poisson.

De toute façon l'on comprend que l'association des idées, pour être vraiment utile et fructueuse, pour simplifier et faciliter le travail de réminiscence, ait besoin d'être gouvernée par la réflexion et la volonté. Elle devient alors la plus sûre et la plus rationnelle des méthodes pour cultiver la mémoire. Quand nos idées sont rangées dans un ordre systématique, conforme autant que possible à celui de la nature et aux lois de la raison, les souvenirs naissent et se suivent comme d'eux-mêmes.

Il est des procédés artificiels conçus en vue d'aider à se rappeler les choses en les rattachant à d'autres plus faciles à retenir; ces procédés constituent l'art de la mnémotechnie. On a trop vanté, puis, comme toujours, trop méprisé la mnémotechnie ; si elle ne saurait être érigée en méthode, elle peut et doit rendre des services partiels. Dans cette mesure, son utilité est réelle et son emploi légitime. En voici quelques applications.

Les personnes peu familiarisées avec les choses de la navigation, quand on leur parle de *bâbord* et de *tribord*, ne savent quel côté du navire chacun de ces mots désigne ; mais les marins ont à ce sujet un moyen d'enseignement curieux.

Supposons, disent-ils, qu'il y ait sur le navire

une batterie de canons. Il y en aura une moitié de chaque côté. Coupons le mot batterie en deux moitiés : *bat-terie*. On voit que *ba* est à gauche et que *tri* est à droite.

Il est évident qu'une fois cette explication entendue, on retiendra toujours que *bâbord* désigne la gauche du navire et *tribord* la droite.

S'agit-il de retenir un simple détail de géographie de la France; si l'on nous dit :

Va, lance tes chevaux dans le vaste hippo*drome* !

Ce vers, qui a une certaine allure, ne nous laissera plus oublier que Valence est le chef-lieu de la Drôme. Mais il y aurait abus à employer ce même procédé, comme on l'a fait cependant, pour apprendre d'une manière régulière et systématique tous les chefs-lieux des départements.

Pour mon compte, et afin d'aider mes enfants à retenir les dates, il me souvient entre autres que les quatre chiffres de celle de la Saint-Barthélemy, 1.5.7.2, me suggérèrent cette phrase mnémotechnique, rendant, peu équitablement il est vrai, saint Barthélemy responsable du massacre commis le jour de sa fête : Celui-là et *un saint c'est deux* (1,5,7,2). Depuis lors cette date ne fut plus oubliée.

Ces procédés produisent quelquefois des résultats surprenants ; mais, comme tout se paie, ils ont, en beaucoup de cas, l'inconvénient grave de fausser le jugement. La liaison logique des idées est et sera donc toujours la meilleure des mnémotechnies.

Nous avons vu que si l'attention était la condition première, indispensable de la mémoire, il ne pouvait y avoir attention que là où l'intérêt était suffisamment excité. Aussi les éducateurs ne doivent-ils jamais négliger de se rendre compte si les choses qui les intéressent eux, hommes faits, sont également propres à émouvoir l'attention des enfants. Comme le fait remarquer M. Alexandre Martin, en s'appuyant sur un exemple pris dans sa carrière de professeur, la principale difficulté de l'observation des enfants pratiquée par des hommes d'âge mûr, c'est que celui qui observe dans ces conditions se trouve dans un état d'âme très différent de celui qu'il observe. Il doit faire les plus grands efforts, d'une part pour ne pas attribuer aux enfants ses propres sentiments, ses propres pensées ; d'autre part, pour comprendre et pénétrer des pensées et des sentiments qui ne sont plus les siens et dont il a perdu, dont peut-être même il n'a jamais eu le souvenir. Il y a des pensées d'enfants que les enfants seuls peuvent penser, des sentiments d'enfants que les enfants seuls peuvent éprouver. — Complétant plus loin son observation, M. Martin ajoute :

« Souvent on néglige de se demander si l'étude qui contente notre curiosité scientifique ou qui sert nos intérêts pratiques, si l'auteur qui charme notre goût et fortifie notre pensée sont bien à la portée des jeunes gens auxquels nous les imposons... Je me trouvais un jour avec un de mes anciens élèves devenu un très aimable et très intelligent médecin : nous causions de la classe de rhétorique que je lui avais fait faire, et en particulier de certaines versions de Sénèque sur la brièveté de la vie, sur le mépris de la mort. « Nous les expliquions, me disait-il, littéralement, et nous les traduisions en français plus ou moins correct ; mais au fond, nous ne les comprenions pas ; à seize ans on ne réfléchit pas sur la brièveté de la vie ; on donnerait des mois de sa vie pour arriver plus vite aux vacances; on en donnerait des années pour arriver plus vite au baccalauréat ; on ne craint ni on ne méprise la mort, on n'y pense pas un instant. »

Notons, en terminant ce chapitre, que l'oubli des choses secondaires qui encombreraient inutilement nos souvenirs, est une des conditions essentielles d'une bonne mémoire. « Si, pour atteindre un souvenir lointain, dit M. Ribot, il nous fallait suivre la série entière des termes qui nous en séparent, la mémoire serait impossible, à cause de la longueur de l'opération. Nous arrivons donc à ce résultat paradoxal qu'une condition de la mémoire, c'est l'oubli. » Mais l'enfant, lui, ne sait pas livrer volontairement à l'oubli les choses secondaires, se désintéresser des détails sans importance. L'éducation de la mémoire doit consister à amener graduellement en lui la prédominance des choses essentielles.

Du reste, cette éducation se fait aussi d'elle-même. — Ce que chacun peut constater pour son propre compte et dans son entourage, c'est la facilité avec laquelle, lorsqu'on avance en âge, on oublie les noms de personnes dont on garde pourtant un souvenir très précis. Cela tient évidemment à ce que, d'origine conventionnelle, les noms en eux-mêmes sont, dans un certain sens, arbitraires sinon indifférents. Telle personne qui s'appelle Paul pourrait en effet s'appeler tout aussi bien Jacques, sans que sa personnalité en fût modifiée en rien. En oubliant les noms et en gardant le reste, la mémoire se montre donc artiste à sa façon : elle retient l'essentiel et laisse le secondaire.

CHAPITRE V.

DES PREMIÈRES SENSATIONS DE L'ENFANT. — COMPARAISON DE SES INSTINCTS AVEC CEUX DES SAUVAGES ET DES ANIMAUX.

Les évolutionnistes ont prétendu et prétendent encore que l'être humain, pendant son séjour dans le sein maternel, passe par toute la série des formes animales successivement revêtues pendant les âges géologiques par la longue série de ses aïeux, et résume ainsi le développement progressif de toute sa race. D'après leur théorie, durant les premiers mois de la gestation, l'embryon de l'homme est tour à tour semblable à celui des poissons, des amphibies, et bien plus tard à celui des mammifères, en commençant par les plus inférieurs. Telles sont en effet les apparences de l'embryon. — Après la naissance, la plupart des organes ont atteint leur forme définitive et n'ont plus qu'à grandir sous cette forme ; mais le cerveau et l'intelligence continuent à évoluer. La constitution mentale de l'enfant passe alors par toutes les phases successives qu'a présentées celle de ses ancêtres, depuis le temps de la barbarie primitive.

Sur ce dernier point, il faut reconnaître que la théorie de l'évolution s'appuie de preuves sérieuses tant physiques que morales. De même que les traits d'un enfant, — le nez plat, les narines relevées, les lèvres grosses, les yeux écartés, l'absence de sinus frontal, etc., — sont, pendant un temps, ceux du sauvage ; de même aussi ses instincts, son égoïsme, sa férocité naïve. Avec la force en plus et des passions à satisfaire, la ressemblance serait complète. Elle se marque d'ailleurs par des faits nombreux. L'enfant se fâche pour un rien, et l'irascibilité est un des traits spéciaux du caractère émotionnel des races inférieures. Dans ses *Principes de biologie*, Spencer rapporte qu'en dépit de leur contenance d'ordinaire impassible, les Dacotâhs entrent dans des accès effrayants de fureur sanguinaire quand ils tuent des bisons ; et chez les flegmatiques Cricks, il y a très fréquemment des suicides causés par des désappointements sans importance. Si nous passons d'Amérique en Asie, nous rencontrons les Kamtschadales qui sont extraordinairement excitables. Un rien les rend fous, ou leur fait commettre un suicide. —

Voltaire a donc eu tort de dire : « Les sauvages ne s'avisent point de se tuer par dégoût de la vie, c'est un raffinement des gens d'esprit. »

Le capitaine Cook rapporte qu'à Tahiti, la reine Oblesca et un des principaux chefs jouaient avec deux grandes poupées ; d'Urville, de son côté, note qu'à la Nouvelle-Zélande, un chef pleurait comme un enfant, parce que les matelots avaient sali son vêtement de parade. A Viti, hommes et femmes se mettent souvent à pleurer pour la moindre cause, et, avec la même mobilité d'impression que les enfants, passent, au même instant, de la tristesse la plus marquée à la joie la plus folle. Leurs dispositions sont des plus inconstantes, et il est impossible de compter sur leurs promesses, l'intérêt du moment étant leur seul guide. On a dit d'eux : « Ce sont des enfants qui ont les passions des hommes ; » nous sommes de l'avis de ceux qui trouvent plus juste de dire que ce sont des adultes se conduisant comme des enfants. La tendance à répéter les syllabes, qui est si caractéristique chez les bambins, existe aussi chez les sauvages. Les uns comme les autres aiment beaucoup les animaux apprivoisés, mais c'est avec la même insensibilité qu'ils les torturent.

Une remarque intéressante faite par plusieurs

voyageurs, c'est que les sauvages, même à l'âge mûr, sont incapables de reconnaître les choses par le dessin, et ne comprennent rien aux images des objets qui leur sont le plus familiers. — Pour ma part, je le crois d'autant mieux que je constate la même inaptitude chez un paysan breton, nullement sot pourtant, de beaucoup de bon sens même, mais tout à fait illettré. Il faut que les dessins représentent des objets bien simples, et les reproduisent sans déformation perspective, presque dans les proportions de grandeur naturelle, pour qu'il parvienne à les comprendre. Les petits portraits photographiques sont pour lui des taches quelconques ; j'ai peine à lui faire reconnaître celui d'une de ses proches parentes. Le tenant dans ses mains calleuses, car c'est un rude travailleur, il me dit tout d'abord : « Comment voulez-vous, Monsieur, que je voie une figure dans du noir et du gris sur un petit coin de papier ? » J'en conclus que la coloration lui est presque indispensable, à lui et à ses semblables, pour comprendre les images. Le succès populaire de l'imagerie d'Epinal s'explique, ce me semble, par cette observation.

Au chapitre du langage et de ses particularités, nous aurons l'occasion d'autres rapprochements entre les enfants et les sauvages. Ici, descendant encore un degré de l'échelle des êtres, nous montrerons les points par lesquels la physiologie et la psychologie de l'homme confinent à celles de l'animal. Pour cela, disons-le avec un éminent spiritualiste : « Que l'on ne soit pas choqué de ce rapprochement, assez de grandeurs nous relèvent pour que nous ayons la franchise de nos bassesses. »

Grâce à des instincts plus puissants que les nôtres, l'animal dans les premiers jours de sa vie paraît mieux doué que l'enfant. Mais il y a une telle différence dans les progrès de l'un et de l'autre, qu'en les suivant tous deux dans leur développement, on est vite amené à connaître l'abîme qui les sépare. Ce n'est pas cependant que nous refusions à l'animal la faculté du jugement. Cette faculté se révèle chez ceux que nous connaissons le mieux, chez les chiens, par exemple, de façon à nous prouver qu'ils observent, réfléchissent et délibèrent. Ainsi le chien qui précède une voiture et qui marche en avant à une certaine distance, s'arrête au point où la route se bifurque : il comprend qu'il y a doute, il attend, pour continuer sa marche, que la direction de la voiture lui ait indiqué son chemin. On ne peut non plus se refuser à reconnaitre qu'un raisonnement de nature complexe a dû déterminer les actes de ces singes cités par Darwin, qui, habitués à recevoir du sucre dans un cornet de papier, et ayant, un jour, reçu en place une guêpe qui les avait piqués, n'ouvrirent plus le paquet à l'avenir avant de l'avoir porté à leur oreille, pour s'assurer qu'il ne contenait aucun animal. N'est-ce pas encore sous l'influence du raisonnement qu'est conçue cette ruse amusante d'un vieux chien de chasse frileux, observé par M. de Lacaze-Duthiers? — Quand ce vétéran trouve sa place prise devant le feu de la cuisine, il se précipite vers la porte en aboyant; les autres aussitôt, croyant à une alerte, se ruent dehors à qui mieux mieux, et le vieux alors revient tranquillement s'étendre à sa place favorite. — Ici, l'animal fait visiblement acte d'invention, et le moyen qu'il emploie est le meilleur qu'un homme doué de toutes ses facultés pourrait lui suggérer.

Mais si nous revenons à ce que nous disions plus haut au sujet des images, et si nous comparons ce que l'enfant, ou même le sauvage, éprouve devant un miroir avec les manifestations de l'animal, une différence essentielle va nous sauter aux yeux. Ne se connaissant pas, l'animal ne saurait se reconnaître dans un miroir : aussi le voyons-nous entrer en fureur contre sa propre image. Le sauvage au contraire comprend assez vite que c'est lui-même qu'il voit, quitte à faire honneur aux sorciers de l'apparition dont l'explication lui échappe. N'est-ce pas en quelque sorte le phénomène de la conscience humaine se manifestant d'une façon presque matérielle ? A ce sujet, nous ne saurions admettre sans réserve cette assertion de M. Bernard Pérez : « Quant aux sauvages... si on leur montre un miroir, ils se mettent à rire ; ils témoignent d'une certaine surprise, mais passagère et sans aucun mélange de curiosité intellectuelle. » — Le sauvage a eu maintes fois l'occasion de voir dans l'eau le reflet de sa personne et des choses qui lui sont familières. Le fait physique lui est donc connu, et il ne doit y avoir de nouveau pour lui que la façon dont il se produit. — En revanche, le même écrivain ne préjuge-t-il pas trop du jugement de l'enfant en disant : « Dès qu'un enfant reconnaît une image dans la glace, il peut la reconnaître dans une peinture ou dans un dessin? » L'image vue dans le miroir est comme le doublement de la réalité, tandis que, dans la reproduction par le dessin, il entre toujours certaines conventions dont il faut savoir faire la part.

En comparant les conditions dans lesquelles les principaux sens s'éveillent chez l'enfant et chez les autres êtres, nous voyons qu'en ce qui se rapporte à l'ouïe, à la vue et à la faculté de se mouvoir, les différences sont très grandes et tout à l'avantage de l'animal.

Le nouveau-né humain vient au monde plus ou moins sourd. Cette surdité a ses avantages en ce qu'elle s'oppose à la production trop fréquente de convulsions dues aux impressions auditives subites et violentes. Elle peut durer plusieurs jours, voire même une ou deux semaines ; mais si à quatre semaines un enfant venu à terme ne réagit pas aux impressions sonores, il y a lieu de craindre la surdité et, par suite, la surdi-mutité.

L'audition chez les animaux nouveau-nés présente des caractères très développés. Le cochon d'Inde ne reste sourd que pendant une demi-heure environ ; après quoi il indique, par des mouvements très accusés, l'établissement de l'audition ; il reconnaît la direction où se trouve sa mère, dès le premier jour, par l'ouïe seule. Il en est de même pour le poussin, le chevreau, etc.

Au bout de quelque temps, l'enfant paraîtra aimer le bruit pour le bruit. Un rythme grossier et assourdissant lui tient facilement lieu de musique. En cela il rappelle les singes musiciens d'Afrique que Houzeau nous fait connaître dans ses *Etudes sur les facultés mentales des animaux comparées à celles de l'homme.* « Le bruit des animaux n'est pas toujours le simple résultat accidentel du jeu de leurs organes : il est produit quelquefois avec intention... Il arrive, par exemple, que les chimpanzés noirs de l'Afrique se réunissent au nombre de vingt, trente ou cinquante, et qu'ils s'animent alors non seulement en jetant des cris, mais en battant sur du bois mort, au moyen de baguettes qu'ils tiennent avec les mains et les pieds. »

Il est à remarquer que le sentiment musical se rencontre très développé parfois chez des races très inférieures, telles que les nègres, alors que, d'après ce que Bain croit pouvoir affirmer, il l'était peu chez les Grecs, c'est-à-dire chez le peuple le plus intelligent et le mieux doué qui ait jamais existé (1). Au chapitre de l'hérédité, nous avons vu que l'art musical et la science des nombres semblent avoir une certaine affinité, et que cependant les nègres, si musiciens qu'ils soient, se mon-

(1) Il se peut que les Grecs n'aient eu aucune idée de l'harmonie et que les sauvages, comme l'affirment les missionnaires, chantent d'instinct à plusieurs parties ; mais les Athéniens ne devaient pas être aussi peu musiciens que Bain paraît le croire. Si leur musique n'avait été à même de produire sur eux des effets très marqués, Platon, dans son utopie de république parfaite, n'aurait pas songé à proscrire certains modes musicaux comme indignes d'être enseignés à des hommes libres.

trent généralement inaptes au calcul. Cette inaptitude sera mise en lumière un peu plus loin.

Si désagréable que soit le goût bruyamment manifesté par l'enfant pour le tapage, il faut savoir reconnaître qu'il répond au besoin d'activité de tous ses sens. En raison de ce besoin, le silence trop prolongé serait pour lui une sorte de souffrance, comme le silence absolu en est une pour l'homme. En effet, M. E. Véron constate cette souffrance de l'oreille à l'occasion du silence qui règne au fond des mines profondes, quand on n'y travaille pas, ou au sommet des hautes montagnes neigeuses et sans végétation, quand l'air est absolument calme. Il estime que c'est l'impérieux besoin d'activité du sens de l'ouïe qui crée les hallucinations de l'oreille, comme la nuit produit les visions. Ainsi tous les extrêmes se touchent, trop rire fait pleurer, une lumière trop vive nous aveugle, un bruit trop violent nous rend sourd, tandis que le silence absolu fait naître un bruit imaginaire.

Entre le silence et le tapage, il y a heureusement place pour des sonorités harmonieuses et agréables. C'est avec celles-là qu'il est bon de familiariser de bonne heure le sens auditif de l'enfant. Le père de Montaigne était de cet avis. De nos jours, Bain, remarquant que dans les exercices de l'enfance la mesure et le rythme jouent un grand rôle, conclut que de tous les arts le plus accessible, c'est la musique. — On voit, en effet, beaucoup de petits prodiges, artistes musiciens ; on n'en voit pas qui soient dessinateurs, peintres ou sculpteurs. M. d'Héricourt, dans une de ses études sur la musique, après avoir constaté la puissance de l'action que cet art exerce sur tous les êtres humains et même sur les animaux ; après avoir noté que de tout temps on a mené les hommes au combat ou au plaisir au son des instruments de guerre ou de fête, fait cette réflexion qui s'applique aussi bien aux enfants qu'aux multitudes : « C'est en considérant la musique comme langue des sentiments qu'on peut facilement expliquer la grande puissance qu'elle exerce sur les masses composées des éléments les plus disparates... Les masses, en effet, sentent plus qu'elles ne pensent, et seraient le plus souvent bien en peine de préciser la cause des élans irrésistibles qui les emportent. »

M. Cherbuliez s'exprime dans le même sens : « N'est-ce pas une chose curieuse, dit-il, que le plus vague de tous les arts, la musique, soit peut-être celui qui nous émeut le plus et nous suggère le plus de pensées ? C'est elle qui prête une voix aux sentiments confus qui s'agitent en nous et que la précision du langage articulé ne saurait traduire. »

La faculté de la vision est un peu plus tardive à s'exercer chez l'enfant que celle de l'ouïe. Ce n'est guère qu'un mois après sa naissance que l'enfant peut coordonner les mouvements de ses yeux ; jusque-là il voit, si l'on veut, mais il ne regarde que difficilement ; il ne regarde que dans le cas où ses deux yeux se trouvent tomber sur un objet. Il faut deux mois pour qu'il commence à diriger son regard d'une façon voulue d'un objet à un autre.

M. Preyer a pu s'assurer que la vue chez l'animal nouveau-né est, le plus souvent, infiniment mieux développée que chez l'enfant. Le poussin de quelques heures picore avec une précision surprenante, preuve qu'il voit avec beaucoup de netteté et qu'il juge avec sûreté des distances. Le chevreau nouveau-né se dirige fort bien par la vue ; placé sur une chaise, il reconnaît que le saut à faire mérite d'être pris en considération, et il s'agenouille préalablement. Ces faits joints à beaucoup d'autres justifient le mot de Bonald : « Les animaux naissent vieux. » Aussi ne progressent-ils guère. Les progrès physiques de l'enfant sont lents, très lents même, comme on va le voir, quand on les compare à ceux des jeunes animaux ; mais les points d'arrêt allant se multipliant d'un côté, tandis que les progrès continuent à s'accomplir de l'autre, on en vient bientôt à reconnaître qu'un enfant d'un an est, à beaucoup d'égards, plus avancé que ne le sera jamais l'animal le plus intelligent qu'on puisse lui opposer.

Les mouvements de main indécis que fait un bébé pour saisir les objets placés hors de sa portée, prouvent, par leur indécision même, que son œil, pour juger des distances, a besoin d'une éducation qui ne se fait que peu à peu. Cette observation est d'ailleurs confirmée par celle qu'on fait sur les aveugles-nés à qui la vue est rendue, à l'âge de raison, par une opération chirurgicale. Ceux qu'on opère, au moment où pour la première fois ils voient clair, croient que tous les objets qu'ils regardent touchent leurs yeux, de même que tous les objets qu'ils tâtent touchent leur peau : ce qui le prouve, c'est qu'ils craignent de se heurter aux objets les plus éloignés d'eux et se garent avec les mains d'un contact qu'ils croient immédiat. L'ensemble de ces objets, pour eux, ne fait qu'un tout sur un même plan, composant comme une tache diversement colorée par place.

Ainsi en est-il pour les petits enfants. Le monde environnant ne se compose pour leurs yeux que de taches de couleur, et pour leurs oreilles que de sons confus qu'ils ne savent pas situer. D'où il résulte qu'un sens dont nous aurions été privés de naissance ou un sens nouveau dont la possession nous serait acquise, ne saurait nous servir qu'après un certain temps d'exercice.

Les auteurs ne sont guère d'accord pour savoir si l'œil de l'enfant est mieux adapté pour la vision à longue ou à courte portée. En réalité, cela varie selon les sujets. M. Preyer fait remarquer que la prédominance de la vision à longue ou à courte portée ne saurait être indifférente pour le développement intellectuel des enfants, et il s'élève avec force contre l'habitude d'occuper de toutes jeunes fillettes à des travaux fins, exigeant la vision à courte portée. L'œil y prend de mauvaises tendances, bien des myopies en résultent qu'on aurait pu prévenir, et aussi bien des déviations et incurvations du système osseux, dues à des attitudes vicieuses. — Une remarque importante à noter pour tous ceux qui, par le fait d'hérédité, sont plus exposés à la myopie. C'est au moment où lès enfants commencent à aller à l'école qu'on voit s'augmenter parmi eux le nombre des myopes et que ce nombre s'accroît de classe en classe. Le docteur Hermann Cahn, de Breslau, a observé les yeux de 10,060 écoliers, et a constaté chez 1,730 d'entre eux des cas de vue anormale. Les écoles de villes fournissent, toutes proportions gardées, huit fois plus de myopes que celles de la campagne. Retenant dès maintenant ce fait essentiel, nous aurons plus loin à faire connaître à l'aide de quelle gymnastique des yeux on arrive dans certains pays, comme la Russie, à combattre efficacement la myopie.

S'il importe, au point de vue moral et physique, de ne pas brutaliser l'oreille de l'enfant par des sons, des bruits rudes et discordants, on doit également veiller à éloigner de l'enfant les objets dont l'aspect bizarre ou peu aimable pourrait l'impressionner d'une façon désagréable, car les impressions visuelles ne sont pas moins importantes que celles de l'ouïe par la formation de notre esprit et de notre caractère. Ce conseil est peut-être plus utile encore pour les gens du monde que pour ceux de la petite bourgeoisie, en raison de ce que le goût mondain s'est porté vivement sur les productions du Japon dont les artistes se complaisent dans la reproduction de monstres horriblement grimaçants. Un de ceux qui chez nous ont le plus contribué à mettre le japonisme à la mode, M. de Goncourt, reconnaît ce côté fâcheux d'un art dont nous ne contestons d'ailleurs pas les qualités décoratives.

« Au Japon, dit-il, le monstre est partout. C'est le décor et presque le mobilier de la maison. Il est la jardinière et le brûle-parfum. Le potier, le bronzier, le dessinateur, le brodeur, le sèment autour de la vie de chacun. Il grimace, les ongles en colère, jusque sur la robe de chaque saison. Pour ce monde de femmes pâles, aux paupières fardées, le monstre est l'image habituelle, familière, aimée, presque caressante, comme est pour nous la statuette d'art sur notre cheminée ; et qui sait si ce peuple artiste n'a pas là son idéal? »

Merci d'un tel idéal s'accordant avec des mœurs encore barbares en plus d'un point ! Au lieu de tous ces monstres, de toutes ces bêtes fantastiques à l'air plus ou moins féroce, mieux valent pour nos enfants les placides et *incassables* bébés, les caniches frisés, les lapins, les moutons et autres animaux, dont l'aspect débonnaire et tranquille n'ajoutera du moins rien au nervosisme qui nous travaille.

Le sourire, puis le rire ne se développent que graduellement chez l'enfant. M. Pérez trouve là quelque chose d'analogue à ce qui se passe pour les pleurs, dont l'époque d'apparition est très variable, mais ne se marque jamais avant l'âge de vingt jours. Il semble que, dans l'un et l'autre cas, un certain exercice soit nécessaire, aussi bien que pour l'acquisition des mouvements ordinaires du corps, tels que ceux de la marche. Au contraire, l'habitude de crier, dont l'utilité pour l'enfant est évidente, se développe parfaitement dès les premiers jours. C'est à tort que beaucoup de jeunes mères s'effraient des premiers cris de l'enfant ; à moins qu'ils ne prennent un caractère tout à fait anormal, ils constituent pour les organes respiratoires du petit être une gymnastique d'autant plus nécessaire qu'elle est la seule dont il puisse user et même abuser.

En revanche, c'est la mère qui a le privilège de faire éclore le premier sourire et bientôt le premier rire sur les lèvres épanouies de son nourrisson. — Réserve faite de ce que nous avons dit plus haut, sur le rôle que joue l'habitude dans la tendresse elle-même, il faut reconnaître que sous l'influence puissante de l'amour maternel et sous celle du besoin, l'enfant accorde à sa mère, ou à la nourrice qui sait lui en tenir lieu, ce qu'il n'accordera à nulle autre personne. Son être se confond, pour ainsi dire, dans celui de sa mère : à la constante tendresse de celle-ci, il répond par une confiance absolue. « S'il lui arrive souvent de se montrer jaloux, ce n'est jamais pour elle ; seule elle peut lui prendre le biberon ou faire mine de le vider, il ne s'en inquiète que bien rarement. Son égoïsme, si accusé pourtant, n'existe point pour celle avec qui il semble continuer de ne faire qu'un. »

Ce sentiment qui nous attache à celle dont la chair a formé la nôtre est d'une telle profondeur que rien ne peut l'effacer. Arrivés à l'âge d'homme, qu'une subite angoisse nous étreigne, qu'un grand malheur nous frappe, et le premier cri à jaillir de nos lèvres est encore ce cri suprême : « Maman ! » Et elle, la maman ! A ses yeux, quelles que soient les circonstances d'âge et de position, l'homme est et sera toujours l'enfant. Un délicat écrivain, M. G. Droz, a traduit cette vérité dans un touchant épisode où il montre une vieille mère exprimant ce qu'elle éprouve à voir son fils, un soldat, un colonel, l'étreindre et pleurer à la pensée que bientôt peut-être elle ne sera plus là. Nous ne résistons pas au plaisir de reproduire cette page exquise :

« Hier, mon fils aîné, mon Robert, est venu me voir, et, comme nous étions seuls, il s'est assis de lui-même, tout près de mon fauteuil, sur un petit tabouret ; et il m'eût été bien facile de lui prendre la tête dans mes deux mains, comme autrefois. Je m'en suis gardée. Plus la tendresse est grande et plus elle doit être discrète : il est si facile d'être importun en se jetant au cou des gens ! Les vieilles mamans, en fait de caresses, ne doivent donner que ce qu'on leur demande. Car les bébés dont les cheveux grisonnent ne se dorlotent plus comme des poupons ; il faut attendre qu'ils vous y invitent, que les portes soient closes, et qu'un souvenir d'autrefois les ait par hasard un peu troublés. Comme elles sont rares, ces effusions où, de part et d'autre, on oublie son âge, où le colonel, avec ses cicatrices, son grand air et ses éperons, s'oublie dans les bras de sa vieille nourrice ! Si son régiment, si sa femme le voyaient !

« Il était donc là, causant gaiement de mille choses; mais, à la façon dont il me regardait, je vis qu'il me trouvait bien changée depuis sa dernière visite. Et, en effet, je m'affaiblis beaucoup. Il constatait qu'il faudra bientôt nous dire adieu ; et, sans doute, il se reprochait aussi de penser à tout cela pour la première fois. Oui, vraiment, il se faisait des reproches, brave et digne cœur ! Du moins, je le pensais, mais je n'osais le lui dire... de peur qu'il ne s'aperçût que je l'avais deviné.

« A un certain moment, ses lèvres eurent je ne sais quel mouvement imperceptible qui me rappela l'expression de son visage, alors qu'étant enfant il avait du chagrin.

« Je regardai ses yeux, ils étaient humides... Je me mis à tisonner et nous restâmes ainsi, sans dire un mot, tandis que nos cœurs se gonflaient et que nos regards s'évitaient.

« Tout à coup, il se leva, m'enlaça de ses deux bras robustes et fondit en larmes.

« Ma chérie, disait-il au milieu des sanglots, ma vieille maman chérie !

« Il n'avait pas prononcé ce mot-là depuis trente ans peut-être !

« Est-il possible qu'il y ait jamais d'autres baisers aussi émus que ceux-là ? Pour moi, je ne connais pas de bonheur comparable à celui que j'éprouvai dans ce court moment. Une chose m'affligeait cependant, c'est que les larmes de mon garçon chéri fussent la cause de ma dernière joie. »

En parlant du sentiment absolu qui attache l'enfant à sa mère, nous aurions dû dire plus absolu encore que les autres, car, en réalité, tous les sentiments de l'enfant ont ce caractère. C'est même à cause de cela, pour le dire en passant, qu'il est si dangereux de le gâter : nulle tyrannie ne saurait être comparée à la sienne, quand on lui laisse le droit de tout faire. N'ayant que lui et les siens pour terme de comparaison, celui qui est plus fort que lui dans la maison paternelle lui semble devoir être plus fort que n'importe qui. Les objets auxquels il voit ses parents attribuer une certaine valeur n'ont pas d'équivalents au monde. Du reste, l'idée qu'il se fait du prix des choses est souvent bien étrange, quoique logique au fond. Ce crayon rouge, ce simple crayon rouge garni d'une petite virole d'argent, le petit Bob, devant moi, l'estimait valoir plus de mille francs. Bob, il est vrai, ne savait guère ce que mille francs pouvaient représensenter d'argent monnayé, et le crayon rouge lui était si commode pour *dessiner à la couleur* ! L'enfance met le prix des choses en rapport avec l'agrément qu'elles lui procurent. J'estime que ce rapport en vaut bien un autre. Quant aux surprises que leur manière de voir nous cause en pareille matière, elles entrent pour une bonne part dans l'intérêt que nous trouvons à écouter les enfants causer entre eux, lorsque, ne se doutant pas qu'on les observe, ils se montrent bien tels qu'ils sont en tout et pour tout. — Pour ce qui est de leurs opinions, de leurs convictions même, un souvenir que j'ai gardé de ma jeunesse est fait pour me rendre extrêmement indulgent, non seulement à leur égard, mais à l'égard de toute opinion, quand elle est sincère et désintéressée.

Aux portes de la ville où je suis né se trouve une plaine servant de champ de manœuvres à la garnison, et formant le lieu favori des parties de jeux des enfants. Ce terrain, d'assez médiocre étendue, insuffisant même pour un régiment complet de cavalerie, paraissait immense à mes yeux et à mes jambes de bambin. Si bien que, vers douze ans, me trouvant sur le terrain de manœuvres d'une ville voisine, lequel était au moins trois fois plus grand, je soutins avec une conviction passionnée que notre plaine était plus vaste. La preuve de mon erreur m'ayant été donnée, je n'en pouvais revenir. Depuis lors, j'ai compris tout ce qu'il y a de justesse dans cette expression « voir avec les yeux de la foi ».

Autres exemples, d'un caractère plus général, et prouvant que, sur ce point comme sur tant d'autres, les individus des races inférieures sont absolument semblables aux enfants.

Nordenskiold, dans son livre intitulé *La seconde expédition suédoise au Groënland*, constate que les Esquimaux se montrent enchantés de leur pays et de leurs propres personnes. Le premier d'entre eux qui fut emmené au Danemark, quand on lui demanda s'il ne lui serait pas agréable de vivre dans ce pays où l'hiver le plus rigoureux ressemble à un printemps groënlandais : « Non, dit-il, nous ne pourrions y subsister ; il n'y existe ni baleine ni phoque ». Ils voient leur pays le plus beau du monde, et leur race la plus intelligente, la plus adroite, la plus polie. — Où la vanité va-t-elle se nicher !

Les Hottentots que Paris a vus au Jardin d'acclimatation ne demandaient qu'une chose à leur barnum : « Quand nous ramènerez-vous au pays, M. Thege ? » — Un chroniqueur du *Temps* rapporte cette conversation tenue entre lui et une femme de leur troupe :

— Aimeriez-vous rester toujours dans ce pays-ci ?

Elle secoua résolument la tête et répondit :

— Non. Il fait froid, et Nâno a manqué mourir ?

— Pourtant cette ville est bien plus belle que votre village.

— Est-ce que vous le connaissez ?

— Non ; mais M. Thego m'a dit qu'il n'avait pas d'arbres, presque pas d'eau, beaucoup de sable et de pierres.

Elle sourit avec la mine résignée de quelqu'un

qui reçoit une injure qu'il ne peut rendre, et répondit :

— Je sais bien que le pays est mort. Celui qui habite de l'autre côté de la lune a tué le pays ; pourtant, lorsque Nâno sera de retour, il se guérira. Quand repartirons-nous pour le pays, M. Thego? »

Concluons que rarement nous rendons les gens plus heureux à les faire sortir des conditions auxquelles se lient leur nature physique, leurs habitudes, leurs traditions. Toute évolution des mœurs d'un peuple ne pouvant être que l'œuvre du temps, nos législateurs qui, dans de bonnes intentions sans doute, mais avec un manque complet de sens pratique, veulent façonner nos colonies à l'image de la métropole, ne sauraient trop méditer l'observation suivante, faite par le docteur Le Bon à la suite de ses voyages aux pays exotiques :

« L'éducation européenne mal adaptée à la constitution mentale des indigènes des colonies a pour conséquence de détruire en eux tous les résultats d'une longue tradition, d'ébranler les vieilles croyances sur lesquelles se fondait jadis leur conduite, et de les remplacer par des théories scientifiques trop abstraites pour eux. Ils perdent la morale de leurs pères, sans adopter les principes de conduite et les qualités de caractère d'un Européen. Ils étaient jadis dépourvus de besoins. Leur nouvelle éducation leur en crée une foule qu'ils ne connaissaient pas, sans leur donner les moyens de les satisfaire. Ils méprisent leurs frères, mais se sentent méprisés par leurs maîtres. Ils n'ont plus de place dans la société, se trouvent misérables, et deviennent forcément implacables envers ceux qui leur ont donné cette funeste éducation. »

Grâce à l'hérédité, les effets de l'éducation sur nos enfants sont heureusement tout autres. En eux, le terrain est préparé pour recevoir la semence; mais encore ne devons-nous pas compter que leur culture nous donne d'immédiats résultats. Disons-nous bien que tous les enfants ont et doivent avoir les défauts de leur âge, et qu'à cette période de barbarie ou de sauvagerie relative, leurs plus graves méfaits ne sont jamais sans excuse.

C'est dans ce sentiment que Topffer, s'occupant de l'influence qu'exerce sur la conduite de l'enfant le caractère absolu de ses impressions, arrive à conclure que si l'esprit de l'enfant est absolu, c'est parce qu'il est borné. « Les questions n'ayant pour eux qu'une face sont toutes simples : en sorte que la solution en paraît aussi facile qu'évidente à leur intelligence plus droite qu'éclairée. C'est pour cela que les plus doux d'entre eux disent parfois des choses si dures. »

Le bon Topffer plaide ainsi les circonstances atténuantes en faveur des enfants terribles. Le plus souvent, en effet, il suffit de mieux comprendre ceux-ci, pour les excuser ; et pour les mieux comprendre, on n'a qu'à se souvenir. Franchement, est-il un seul de nous qui n'ait été enfant terrible à son heure ? A ceux qui protestent pour leur compte, on peut répondre avec assurance que l'occasion seule leur a manqué.

En fait d'enfants terribles, Mme de Rémusat est d'avis qu'une mère doit prévoir certaines questions et fait toujours bien d'apprendre d'avance à ses enfants ce qu'ils ne peuvent manquer de savoir par d'autres. — Peut-être ; mais il n'est pas toujours facile de mettre ce conseil en pratique. Un jour, mon plus jeune fils, devant d'autres enfants dont deux petites filles, me demande ce que c'est qu'un cheval entier. Je m'en tirai tant bien que mal, plutôt mal que bien, en disant qu'un cheval entier était celui qui avait tous ses crins. En pareil cas, le système d'une réponse quelconque s'impose plus qu'on ne le choisit. L'enfant du reste, à cet égard, n'est pas difficile à contenter : une affirmation lui tient parfaitement lieu d'une explication.

Comment s'étonnerait-il de rien ? Son rêve a toujours été au delà de tout.

Il est surtout un point au sujet duquel nous aurions à cœur, sinon d'excuser, du moins d'expliquer la conduite de l'enfant.

Bien qu'il aime beaucoup les chiens, les chats, les moutons, les oiseaux et en général tous les petits êtres vivants et remuants, il n'a pas l'air de se douter qu'ils soient sensibles à la souffrance ; la façon dont il en use avec eux est si cruelle, que le bon La Fontaine n'a pu s'empêcher de s'écrier : Cet âge est sans pitié !

Stahl, qui a tant aimé l'enfance et qui a si bien écrit pour elle, se joint à ce sujet à ses accusateurs :

« Il n'est guère d'enfant, dit-il, dont la cruauté ingénue ne se soit divertie quelquefois à attraper des mouches, à leur arracher une aile d'abord, et puis l'autre, et puis les pattes, une à une, au nombre de six, ôtant ainsi, par un raffinement de férocité calculée, l'air d'abord et la terre ensuite à sa victime, et faisant, dis-je, au moyen de ces mutilations progressives, une petite masse inerte, mais non insensible à coup sûr, du plus léger des êtres ailés. »

Oui, tout cela est vrai ; mais que tout cela est loin de l'idée de l'enfant qui, absolument étranger à autre chose qu'à son plaisir, se persuaderait plutôt que la mouche, *changée* dans sa manière d'être, s'amuse avec lui !

C'est avec la même inconscience que les enfants ne songent pas à nous savoir gré de nos sollicitudes, surtout quand nous ne leur faisons pas comprendre que nos soins leur sont nécessaires, indispensables, et que nous pourrions les leur refuser. Que les parents qui gâtent un enfant ne s'étonnent pas de ce qu'il devienne foncièrement égoïste, odieusement ingrat ; à les voir venir avec tant d'empressement au-devant de ses désirs et se montrer trop heureux d'accéder à tous ses caprices, le petit bonhomme ne saurait se douter qu'il leur doit quelque chose. Aussi, comme Balzac l'a bien vu, la plupart des enfants gâtés tyrannisent-ils ceux qui les aiment et réservent-ils leurs coquetteries aux indifférents. — A cet égard, on peut s'éclairer encore de ce qui arrive pour les animaux. Tandis que le chien, quand il est gâté de caresses, se montre rarement fidèle, tous les dresseurs constatent que c'est au maître exigeant qu'il s'attache davantage.

J.-J. Rousseau prétend que les enfants flattent quelquefois les vieillards, mais ne les aiment jamais. Ce jugement trop absolu appelle un correctif.

Quand les enfants sont tout petits, ils aiment leurs grands-parents, de qui ils obtiennent plus facilement une douceur. Plus tard, quand il leur faut des compagnons de jeu, le vieillard, qui ne peut les suivre et souvent veut les retenir, devient un gêneur, et, dame! les enfants sont de petits hommes : « l'ingratitude leur pousse avec les dents ».

Du reste si les enfants sont égoïstes, les vieillards souvent le redeviennent. Les malades ont les mêmes tendances ; toutes les fois que la source de la vie est faible ou diminuée, il se produit dans l'être entier un besoin d'épargner, de garder pour soi : « on hésite à laisser filtrer au dehors une goutte de la sève intérieure ».

Dans le même ordre d'idées, M. Pérez nous montre que si l'enfant prend volontiers part à nos manifestations joyeuses, il ne s'associe que très difficilement à nos douleurs. « Un enfant de quatre ans, nous dit-il, avait perdu un de ses plus chers compagnons ; on le conduisit dans la maison de son ami ; le père le prit dans ses bras, et le tint pendant quelques instants sur ses genoux, pleurant en silence ; que de choses, pour un adulte, dans cette grande douleur muette ! L'enfant n'y comprit rien : il se hâta de quitter les genoux du père affligé, fit quelques gambades par la chambre, et, tout à coup, revenant vers lui : « Maintenant que Pierre est mort, s'écria-t-il, tu me donneras son cheval et son tambour, n'est-ce pas ? » Mot horrible d'un innocent ! » Et quant aux raisons de cette indifférence, les voici fort bien déduites :

« D'abord sa vie toute en dehors, son besoin d'émotions fraîches, variées, excitantes, ne lui permettent guère de retenir son attention sur les autres. Son égoïsme inconscient et intense le ravit promptement aux émotions les ayant exclusivement pour objet. En outre, le peu d'expériences que sa mémoire a enregistrées de plaisirs et de peines analogues à ceux qu'éprouvent les adultes, le rend incapable de comprendre autre chose que leurs signes simples et tout extérieurs. Ainsi un enfant à qui l'on demandait : « Qu'est-ce que cela veut dire être de bonne humeur ? » répondit : « Cela veut dire qu'on rit, qu'on parle, qu'on s'embrasse ».

Il faut que la notion de durée arrive à se dégager de l'intelligence enfantine, pour que les mots de présent, passé et futur lui présentent un sens, et qu'en parlant, par exemple, il applique les temps du verbe avec à-propos. Pour des raisons analogues, il lui est impossible de compter au delà de dix avant l'âge de 6 à 7 ans, et il faut qu'il ait environ dix ans pour compter jusqu'à cent, non pas en répétant simplement les nombres appris par cœur, mais en déterminant le nombre sur les objets. Beaucoup de sauvages, paraît-il, ne peuvent jamais compter au delà de quatre ou cinq. Galton rapporte que si un sauvage du sud de l'Afrique accepte de vendre des moutons sur le pied de deux paquets de tabac par mouton, il ne peut arriver à comprendre qu'il faut quatre paquets de tabac pour deux moutons. Un tel calcul est trop savant pour lui. Pour qu'il arrive à saisir l'opération, il lui faut d'abord mettre à part deux paquets de tabac, livrer un mouton, puis recommencer la même opération avec les deux paquets suivants et le second mouton. — Et pourtant, sans parler des chiens savants qu'on fait compter jusqu'à cinquante et plus, l'observation suivante, notée par Houzeau, prouve que les mulets savent au moins compter jusqu'à cinq. « Il y a dans les villes des Etats-Unis un grand nombre de chemins de fer où la traction s'opère par ces animaux. A New-Orléans, en particulier, on les préfère aux chevaux. La ligne de la rue Saint-Charles a un embranchement assez court où chaque mulet fait cinq fois le voyage avant d'être dételé. Le vétérinaire de la ligne, l'habile Dr Louis, appela un jour mon attention sur ce fait que les mulets de service restent silencieux pendant les premiers voyages ; mais à la fin du cinquième, dès qu'il arrivent à la station, ils hennissent, sachant qu'on doit les dételer ». Le marquis de Cherville cite plusieurs faits analogues dont les héros sont des chiens de chasse. — M. Nicolaÿ qui, lui aussi, reproduit l'histoire des mulets, s'en moque quelque peu. Il ne donnerait pas, dit-il, un maravédis pour savoir si réellement ces bêtes peuvent compter. — Nous ne saurions partager son dédain : mieux nous connaîtrons les animaux, mieux nous nous connaîtrons nous-mêmes.

Pour terminer au moins par un fait à l'avantage de l'homme, ce chapitre où il a été fait tant de rapprochements entre l'enfant et ses *frères inférieurs*, remarquons qu'en dehors des questions d'harmonie et de proportion, les traits d'un visage humain nous paraissent d'autant plus laids qu'ils se rapprochent davantage de ceux de l'espèce animale. Ainsi la mâchoire et les pommettes saillantes, les yeux écartés, le nez relevé et épaté, les lèvres épaisses qui donnent l'idée d'un museau de bête, tout cela constitue, en effet, une sorte de déchéance, de dégradation physique. Alors qu'on prétend que notre esthétique est toute conventionnelle et manque de base, ne trouverait-on pas là un criterium excellent pour juger de la beauté humaine ? En dernière analyse, cette beauté, si indéfinissable qu'elle soit dans son essence, apparaît comme corrélative à l'affinement des races et des individus. Comme le dit Lamartine dans son magnifique langage : « L'homme peut voir dans la physionomie, plus que partout ailleurs, l'union de la matière et de l'esprit ; mais définir dans la physionomie ce qui est de la matière et ce qui est de l'esprit, la nature nous en défie ; c'est la limite où les deux natures se confondent : on adore et on s'anéantit. » — Sur ce point d'esthétique, la science ne contredit en rien la poésie. Le physiologiste Gratiolet, parlant d'une physionomie forte, franche et bienveillante à la fois, s'écrie avec une sorte d'enthousiasme :

« Forme visible d'une âme parfaite, cette physionomie est belle au-dessus de toutes les autres ; car la vraie, l'immortelle beauté sur la terre n'est rien autre chose que la perfection de l'âme rendue sensible par la forme vivante ! »

CHAPITRE VI.

DU SOMMEIL ET DE LA SUGGESTION.

La cause première du sommeil, ainsi que l'ont démontré Cabanis et Bichat, est la loi d'intermittence qui régit tous les phénomènes nerveux, et fait que notre cerveau, nos sens et nos muscles, incapables d'une action continue indéfinie, ont périodiquement besoin de repos. Le sommeil, d'ailleurs, n'est pas un repos complet de la vie animale, car l'appareil respiratoire continue de fonctionner, la digestion de s'accomplir, les sécrétions de se faire, le sang de circuler ; en un mot, tous les actes de la vie végétative, de la nutrition, continuent de se produire, non pas cependant avec plus d'énergie, comme l'avance l'auteur anonyme de l'article *Sommeil* dans le *Dictionnaire de Larousse*, mais, au contraire, avec des ralentissements plus ou moins marqués.

Le sommeil est surtout le repos des organes de la sensation et de la pensée, ce sont eux qui en ont le plus besoin, et huit heures de sommeil suffisent à peine aux hommes dont le travail est plus intellectuel que physique. Ce sont cependant les muscles qui dorment les premiers ; puis les yeux se ferment, la pensée s'efface ou se transforme, le tact s'émousse, et l'ouïe enfin, dernière sentinelle qui nous tenait en communication avec le monde extérieur, cesse de percevoir les sons comme dans l'état de veille, tout en laissant parvenir au cerveau une impression plus ou moins confuse qui souvent influe sur la direction des rêves.

Le sommeil normal est toujours précédé d'une sensation plus ou moins agréable : le corps y tombe avec plaisir par la certitude d'une prompte restauration, et l'intelligence s'y abandonne, dans l'espoir que ses moyens d'activité y seront retrempés. Le besoin s'en fait généralement sentir quand le soleil a disparu de l'horizon. Le silence et les ténèbres, en supprimant les excitants de l'ouïe et de la vue, le favorisent beaucoup. Le repos de la nuit est donc plus complet et plus efficace que celui du jour, surtout pour les adultes. A l'égard des tout petits enfants, la différence est moindre, parce que leur cerveau est moins sensible aux excitations qui peuvent lui venir par les yeux et les oreilles.

C'est dans le sommeil, alors que notre volonté a, pour ainsi dire, abdiqué, que les influences et les réactions réciproques du physique sur le moral se confondent de façon à rendre difficile la distinction à faire entre ce qui revient à l'un ou à l'autre. Ainsi, quand on nous dit, comme M. Ch. Lévêque, qu'il se peut que les dispositions tristes ou gaies du réveil soient un écho affaibli des agitations du sommeil, et que, selon la nature des rêves qu'il a faits, l'enfant éveillé montre une humeur plus ou moins gaie, plus ou moins facile, on pourrait tout aussi bien dire que les agitations du sommeil et le caractère des rêves n'étaient que les premiers et sourds effets d'un état physique tout prêt à s'accuser plus nettement au réveil.

Par suite, tout ce qui tombe sous la vue, tout ce qui frappe l'attention de l'enfant dans la journée, et surtout au moment où le sommeil le gagne, pouvant avoir de l'influence sur la direction de ses rêves, on comprend qu'il est intéressant de l'entourer d'objets agréables, d'aspect tranquille et simple. Ces détails, dont on se préoccupe trop peu en général, sont d'autant plus importants que l'enfant se montre plus impressionnable.

D'autres précautions sont utiles à prendre. D'après une observation faite, en premier lieu, par Dugald-Stewart, lorsque nous donnons à notre physionomie une expression forte, accompagnée de gestes en rapport avec elle, nous ressentons à quelque degré l'émotion correspondant à l'expression artificielle imprimée à nos traits. Cette intime relation des attitudes et des gestes avec les sentiments dont ils sont les signes naturels, a été mise particulièrement en lumière par les expériences faites à la Salpétrière sur les sujets hypnotisés. M. Charcot et ses élèves ont montré que, dans cet état, il suffit de donner à la personne sur laquelle on opère telle attitude déterminée pour lui inspirer des sentiments conformes à cette attitude, et pour lui suggérer l'idée de l'acte qui correspond à ces sentiments. Il n'est donc pas étonnant que l'idée suggère le geste et s'exprime par lui, puisque, réciproquement, le geste évoque et suscite l'idée. Par conséquent, lorsque, pendant le sommeil, par une cause quelconque, un appareil organique servant à l'expression d'une passion donnée, est placé dans la position, dans l'état où il se trouve ordinairement quand cette passion se manifeste, le rêve qui naîtra dans cette circonstance sera constitué par des représentations mentales correspondant à cette même passion. Il est donc bon de voir comment est posé le petit dormeur. Si ses mains sont crispées comme dans un mouvement de colère ou de frayeur, si telles autres attitudes indiquent de fâcheuses dispositions, il faut, sans le réveiller, modifier doucement tout cela. Gratiolet confirme cette observation, et il en déduit cette autre et excellente recommandation :

« Si de nos attitudes naissent des instincts, dit-il, on comprendra combien la physiologie elle-même justifie l'importance que, chez les gens honnêtes, on attache aux bonnes manières ; les bonnes manières sont les formes de la vertu, et celui qui, de l'enfance, a contracté l'accent du bien, ne parlera jamais facilement le langage du mal. »

Dans le même ordre d'idées, une expérience souvent renouvelée montre à quel point les bruits extérieurs s'incorporent aux rêves et influent sur leur direction. Placez-vous près d'un dormeur ; murmurez à son oreille les mots : *Au feu! au feu!* avec un accent de détresse croissante, et bientôt vous le verrez s'agiter, parfois même s'éveiller en sursaut, se croyant au milieu des flammes.

Les moindres indispositions comme les plus graves maladies peuvent donner lieu aux rêves. Malheureusement les indications à tirer de ceux-ci n'ont pas encore fait l'objet d'une étude assez suivie (1). Tout ce que l'on sait, c'est que pendant le sommeil, le travail pathologique qui s'accomplit dans les profondeurs de l'organisme produit des rêves en relation plus ou moins directe avec l'organe malade. Cela est si vrai qu'ils peuvent quelquefois faire soupçonner une maladie que rien ne révèle encore pendant l'état de veille. Ainsi les affections organiques du cœur ou des gros vaisseaux sont souvent annoncées avant leur explosion apparente par des rêves pénibles, des cauchemars suivis de tristes pressentiments. Quand ils se répètent souvent, on peut les regarder comme des symptômes précurseurs d'une lésion grave, déjà très difficile, sinon impossible à prévenir. Lorsque celle-ci est devenue irrécusable, les rêves sont très courts ; ils surviennent surtout dans le premier sommeil et sont promptement suivis d'un réveil en sursaut. Il s'y mêle toujours ou presque toujours la crainte d'une mort prochaine avec des circonstances tragiques. D'après l'observation de divers médecins, les hémorragies spontanées, suite d'un afflux congestif anormal, sont quelquefois prédites par des rêves rouges d'incendie ou de spectacles

(1) Du moins en Europe. Dans l'Inde et en Chine, la médecine a de tout temps cherché dans les rêves des renseignements pour le diagnostic des maladies.

meurtriers. Plus ces rêves sont accentués, plus ils doivent être pris en considération. C'est surtout dans les débuts des névroses et de l'aliénation mentale qu'on les rencontre avec une nature bizarre et extraordinaire capable de donner l'éveil au médecin.

La rage, avant de se confirmer, se révèle très souvent par des cauchemars épouvantables et du plus mauvais augure.

Le docteur Max Simon cite plusieurs exemples très curieux des rêves symptomatiques. — Conrad Gesneur eut un songe dans lequel il se vit mordu au côté gauche de la poitrine par un serpent, et une lésion grave et profonde ne tarda pas à se montrer dans cette même partie. M. Teste, l'ancien ministre de Louis-Philippe, rêva, trois jours avant sa mort, qu'il avait une attaque d'apoplexie, et, trois jours après son rêve, il succomba, en effet, à cette affection. Galien parle d'un malade qui se vit en rêve portant une jambe de pierre ; quelque temps après, cette même jambe était frappée de paralysie. Une jeune femme aperçoit en songe les objets confus et brouillés, comme à travers un nuage épais, et sa vue est bientôt gravement compromise.

Ces faits méritent d'être remarqués, parce qu'il semble que l'esprit du dormeur soit mieux informé que l'esprit de l'homme éveillé. Est-ce à dire qu'il s'exerce, pendant le sommeil, une sorte d'action prophétique ? Ce serait, je crois, bien mal interpréter les phénomènes que de voir dans ces faits quelque chose de surnaturel. Il s'agit simplement ici, tout d'abord, d'une perception des sensations internes, qui se fait d'une façon plus nette en l'absence de toute intervention des excitations extérieures.

M. Alfred Maury s'est attaché à démontrer que le sommeil considéré comme un engourdissement des facultés intellectuelles, des sens et des nerfs, offre une grande analogie avec les états pathologiques dus au ramollissement de la substance cérébrale, à la décrépitude, aux maladies mentales amenant un engourdissement semblable. De sa démonstration découle celle de l'assimilation des phénomènes du rêve avec les effets de la folie. D'où il suit que nous sommes tous fous, ou peu s'en faut, pendant une partie de notre vie, celle où le sommeil nous tient. Aussi un autre savant, M. Albert Lemoine, définit-il le fou : un rêveur éveillé.

Nos rêves, de même que les idées du fou, sont au fond moins incohérents qu'ils ne le paraissent de primo abord ; seulement la liaison des idées s'opère par des associations qui n'ont rien de rationnel, par des analogies qui nous échappent généralement au réveil. Ainsi, pour citer un exemple, le fou commencera son discours par l'idée de corps, qui amènera par l'identité du son celle du cor, et le discours finira par l'idée attachée à ce second mot. Les dessinateurs comiques parodiant des tableaux sérieux procèdent d'une façon analogue : ils s'emparent d'un détail qui, légèrement modifié, peut donner l'idée d'une chose toute différente de celle qu'il représente, et ce point de départ leur suffit souvent pour arriver à rendre risible la chose la plus sérieuse et la plus poignante.

En raison de ce que dans le rêve notre jugement ne peut s'exercer complètement, on comprend qu'alors nous prenions facilement pour des découvertes importantes, pour des chefs-d'œuvre d'esprit certaines conceptions qui, si nous en gardons le souvenir au réveil, sont bientôt reconnues pour des absurdités ou des banalités. Pour ma part, il me souvient d'un de ces rêves où il me semblait jouir d'une très grande facilité d'élocution. M'étant réveillé et ayant pu me redire une de mes belles phrases, je m'aperçus que ma pensée pour s'exprimer avait fait flèche de tout bois, et que les mots les plus inattendus, les moins en rapport avec l'idée à rendre, lui avaient parfaitement suffi. Ce sans-gêne, cette aisance de mouvement, ne vont pas sans un certain charme ; affranchi de toute entrave, se jouant des difficultés, l'esprit jouit, par illusion, du privilège du génie, il plane et goûte ce plaisir par excellence que M. Fouillée a si bien défini : la grâce de la vie. Quant au fait d'employer des mots étrangers à l'idée, on s'en étonnera peut-être moins si l'on veut bien remarquer qu'il se produit également dans l'état de veille, lorsque, par exemple, disant un nom pour un autre, nous ne nous en apercevons que sur l'avertissement de ceux qui nous entendent. Preuve évidente que la pensée est plus indépendante du mot que beaucoup ne semblent le croire.

Toute réserve faite au sujet des illusions que les rêves nous donnent, il faut reconnaître que le travail mental, résultat d'une impulsion reçue pendant la veille, en s'achevant pendant le sommeil, peut engendrer des sensations, des conceptions utiles. En pareil cas, il semble qu'il se fait dans le cerveau, dans la mémoire, une sorte de digestion, de filtrage des éléments sur lesquels s'exerce le travail de l'esprit. Celui-ci alors distingue plus clairement les points essentiels des choses. Il y a aussi à tenir compte de ce qu'au réveil l'esprit reposé est plus dispos, partant plus lucide, plus capable d'un effort nouveau et décisif.

Devant ces phénomènes du rêve, on ne saurait douter que le sommeil soit encore plus nécessaire après les travaux de l'esprit qu'après les travaux manuels. Aussi les paysans conservent-ils, avec moins de sommeil, une santé plus vigoureuse que les gens qui se dépensent en recherches intellectuelles. Si nous regardons ce qui se passe pour les animaux domestiques, nous voyons qu'il suffit au cheval de dormir quatre ou cinq heures, et le plus souvent même de les dormir debout, pour réparer complètement ses forces épuisées. Comme compensation pour l'homme intelligent, disons que c'est surtout par le cerveau que l'on vit, à la condition de ne pas le surmener. C'est au peu de développement des facultés mentales qu'il faut attribuer la courte durée de la vie moyenne des nègres et des idiots.

Au point de vue des enfants précoces et des écoliers, il y a donc une distinction importante à faire entre le sommeil des muscles et celui du cerveau. Tandis que l'inactivité musculaire suffirait presque à l'animal, il faut à l'être intelligent le repos du cerveau, le sommeil prolongé.

Grâce à une curieuse expérience physiologique,

on peut se rendre compte par la vue de certaines modifications du cerveau produites par le sommeil. Si l'on enlève à un animal un morceau du crâne et qu'on le remplace par un morceau de verre, pour surveiller ce qui se passe dans sa tête, on constate que pendr le sommeil le cerveau s'affaisse et pâlit. Il reçoit moins de sang que pendant la veille. Pendant le sommeil normal, il y a donc anémie du cerveau. « Il n'y a pas longtemps encore, dit le docteur Saffray à qui nous empruntons ces intéressants détails, on supposait au contraire que le sommeil résultait d'une congestion modérée. La congestion produit, en effet, une espèce de sommeil ; mais, si elle calme, l'on peut dire que c'est en étourdissant. Le sommeil congestif, premier degré de l'apoplexie, n'est pas réparateur. C'est celui qui résulte de l'emploi de l'opium, de la digestion d'un repas trop copieux ou d'une très vive excitation cérébrale. Tout ce qui excite la circulation du sang dans le cerveau, digestion de substances animales, tête basse, émotion ou préoccupation, éloigne le bon sommeil. Il faudrait pouvoir déposer, avec ses vêtements, les agitations de la vie. »

A défaut des expériences décisives faites sur les animaux, une simple et vulgaire observation aurait dû suffire, à notre sens, pour empêcher les physiologistes de croire que la congestion du cerveau était favorable au sommeil naturel. Quand nous nous couchons ayant les pieds glacés et, par conséquent, le sang à la tête, il nous est presque impossible de nous endormir. Au contraire, le sommeil s'empare facilement de nous, quand nous avons les pieds chauds et que leur chaleur est entretenue par la disposition du lit, couvre-pieds, édredon, etc.

En raison de ce que la vie se ralentit pendant le sommeil, la température du corps s'abaisse d'un demi-degré Réaumur. Cet abaissement, joint à celui de la température, nous rend compte du besoin que nous éprouvons d'être plus couverts la nuit que le jour. — Les fonctions de l'estomac se ralentissent également, et c'est pourquoi les indigestions sont alors beaucoup plus fréquentes. A la suite d'un repas trop copieux pris à une heure tardive, mieux vaudrait donc rester debout que se coucher pour dormir.

Rien d'étonnant après cela, si c'est pendant la nuit qu'on est le plus accessible à l'influence délétère des miasmes et des odeurs. Ce n'est pas, comme on l'a prétendu, que l'absorption soit plus active pendant la nuit ; c'est parce que l'organisme réagit avec moins d'énergie contre les effets pernicieux des agents extérieurs. Les effluves marécageux qui rendent si malsaine la campagne de Rome, sont inoffensifs pour les voyageurs qui ne font que traverser cette contrée pendant le jour, tandis qu'ils donnent presque infailliblement la fièvre lorsqu'on y passe la nuit. Enfin c'est pendant le repos de la nuit qu'on est le plus exposé à contracter des rhumatismes, des névralgies ou des maux d'yeux, dans les logements humides et malsains. Et pourtant, comme le docteur Saffray le constate, « le moindre coin semble assez bon pour dormir : un cabinet noir, une alcôve, une soupente, bientôt on se contentera d'un tiroir de commode, ou bien dans une chambre petite et mal ventilée, on entasse les êtres humains, les bêtes aussi parfois, sans s'inquiéter de l'asphyxie partielle et de l'empoisonnement inévitable qui en sont les conséquences. »

Il se produit chez l'homme, pendant le sommeil, un phénomène peu connu, qui a son intérêt.

Lorsqu'un adulte est resté couché toute la nuit, sa taille se trouve augmentée de plusieurs centimètres. Les cartilages qui séparent les vertèbres s'affaissent pendant la journée sous le poids de la partie supérieure du corps. Dans la position horizontale, au contraire, ils se dilatent en vertu de leur conformation primitive. De sorte que nous sommes plus grands le matin que le soir. Quand nous disons que cet effet du repos de la nuit est peu connu, nous devons faire exception pour certains empiriques de village ; ceux-là le connaissent si bien qu'aux conscrits de petite taille pouvant espérer se faire exempter comme « trop petits pour être militaires », ils conseillent de ne pas se coucher et de marcher constamment dans la nuit qui précède le conseil de revision.

A côté de semblables suggestions, qu'il serait bien impossible de qualifier d'honnêtes, il y a heureusement place pour d'autres s'inspirant de motifs hautement avouables. Certains esprits chercheurs, vivement frappés des phénomènes hypnotiques au point de vue de la suggestion, et considérant qu'on peut, comme nous l'avons vu, influer sur la direction des rêves de celui à qui l'on parle pendant son sommeil, se sont demandé si, sans recourir à aucune pratique dangereuse, on ne pourrait pas profiter du sommeil des enfants pour leur faire entendre les plus sages conseils et leur suggérer l'idée de les mettre à profit. Il est certain qu'à ce moment de détente, les natures les plus rebelles sont, pour ainsi dire, désarmées et ne réagissent plus comme dans l'état de veille. D'autre part, nous savons que, pendant le sommeil, une impression des sens, de quelque nature qu'elle soit, fût-elle même très faible, arrivant au cerveau au milieu d'un repos et d'un silence complets, subit une amplification considérable, que nous pouvons apprécier par le souvenir des rêves dont toute impression de ce genre est souvent le point de départ. Etant donné ce double effet, il est facile de comprendre que les impressions morales, s'amplifiant dans les mêmes conditions, arrivent à s'imposer d'une manière irrésistiblement efficace à un cerveau, à une âme, où plus rien ne vient leur faire obstacle. Sur les conseils de M. Félix Hément, des parents ont obtenu d'excellents résultats en se bornant à suggérer à leurs enfants, pendant le sommeil *naturel*, le désir et surtout la volonté de bien faire. Le moyen ne présentant aucun des dangers qu'entraîne ou peut entraîner la suggestion par hypnotisme, et se trouvant en outre à la portée de tous, nous le signalons à notre tour aux pères dévoués, à qui rien ne coûte pour accomplir leur mission éducatrice aussi bien la nuit que le jour.

CHAPITRE VII.

DU BESOIN D'ACTIVITÉ CHEZ L'ENFANT. — DES JEUX. — DU RIRE. — DE L'ÉDUCATION EN ANGLETERRE. — DE LA MESURE DE L'ACTIVITÉ PAR LA PSYCHOLOGIE ET LA GRAPHOLOGIE.

Tout est mouvement dans la nature. La matière elle-même est active ; les divers modes de cette activité sont ce qu'on appelle des forces. M. Tyndall, dans une célèbre conférence sur les lois et les forces de la nature, n'est pas éloigné de nous représenter les plus humbles molécules de la matière brute et informe comme obéissant à une force vitale créatrice, à des idées directrices, en quelque sorte, sous l'influence de l'aimant, de la pile, du chaud, du froid, de la lumière solaire. Après avoir montré la limaille de fer se groupant en lignes harmonieuses sur un plateau de verre par l'action du magnétisme, les cristaux de glace se disposant d'eux-mêmes en festons et en broderies, sur nos vitres ; la « merveilleuse puissance structurale » latente dans toute solution en voie de se cristalliser, les belles formes arborescentes selon lesquelles l'argent du nitrate d'argent et le plomb de l'acétate de plomb vont se déposer à l'un des pôles, quand on décompose ces liquides par la pile : « Ainsi, s'écrie-t-il, les éléments mêmes de ce qu'on appelle la matière brute, lorsqu'ils peuvent obéir librement aux forces dont ils sont doués, se groupent sous leur influence, de manière à prendre des configurations qui rivalisent de beauté avec celle du monde végétal... Les atomes marchent en cadence, suivant l'expression du poète américain Emerson. Ils suivent les lois harmonieuses qui font de la substance la plus commune de la nature un miracle de beauté aux yeux de notre intelligence. La science, loin de dépouiller la nature de son charme mystérieux, nous révèle ainsi partout des harmonies cachées. »

L'activité spéciale des êtres organisés se distingue, sous le nom d'activité morale, de l'activité vitale.

Dès les premiers jours de sa naissance, l'enfant témoigne, par ses mouvements et par ses cris, du besoin d'activité qui s'impose à tous ses organes. Devant l'intensité de ce besoin, on ne saurait trop s'élever contre la croyance, malheureusement encore trop répandue en France, qu'il est nécessaire de serrer fortement, de garrotter, pour ainsi dire, les membres et le corps de l'enfant dans un maillot pour le soutenir et le fortifier. Heureux encore quand on ne confie pas à un clou, auquel on accroche le pauvre poupon, le soin de le soutenir à la façon dont la corde soutient le pendu. — Rien n'est plus contraire aux indications de la nature que ces exécrables coutumes. Dans le sein même de la mère, l'enfant change très souvent de position : pourquoi le réduire après sa naissance à une fixité absolue? Rousseau a puissamment protesté contre ce funeste ligotement du maillot ; beaucoup de mères ont entendu ses plaintes éloquentes ; il est à désirer que plus une n'y reste sourde.

Plus tard, l'immobilité est encore le plus dur supplice auquel on puisse condamner un enfant, et ceux-là le savent bien qui lui infligent la punition du *piquet* aux heures de récréation.

On ne peut cependant rien apprendre sans y prêter attention, et l'attention, qui est la fixité de l'esprit, s'accorde difficilement avec la turbulence du corps. Il faut donc bien imposer l'immobilité à un enfant à qui l'on veut apprendre quelque chose ; mais il ne faut jamais prolonger longtemps cette immobilité, surtout quand elle se complique d'un travail et, par conséquent, d'une fatigue.

Il y a là une question de mesure et de conciliation des plus importantes. En effet, l'attention est certainement l'instrument le plus puissant du développement de l'esprit humain ; c'est même par elle que l'on différencie l'idiot de l'imbécile. « L'idiot, dit le docteur Sollier, c'est l'être humain qui est incapable d'attention ; l'imbécile, celui chez qui cette attention est intermittente et irrégulière. » D'autre part, l'homme fait peut se représenter approximativement la souffrance de l'enfant qui est astreint à suivre attentivement ce qui trop souvent est au-dessus de son âge, en réfléchissant au supplice moral qu'il endure lui-même lorsqu'une circonstance l'oblige à suspendre momentanément la liberté de ses allures. M. Guardia cite, comme exemple, ce que nous éprouvons chez les photographes pendant le temps de la pose. « Si courte que soit celle-ci, il y a une telle tension des nerfs et des muscles, notamment ceux de la face, qu'il se produit souvent des contractions involontaires, que les yeux pleurent et s'injectent et qu'un bien-être très sensible succède immédiatement à ces rapides instants de malaise qui nous semblent si longs. »

Heureusement pour lui, et par une sorte de grâce d'état, l'enfant le plus attentif l'est infiniment peu. Au delà de cinq à six minutes pour les tout jeunes, et de trente à quarante-cinq minutes pour les écoliers, l'attention est fatiguée et l'effort intellectuel fait défaut. En revanche, si l'enfant exerce très faiblement son attention, il l'exerce très souvent d'une façon rapide, mais néanmoins profitable. La puissante sensibilité de son jeune cerveau compense quelquefois, et surtout avec le secours des répétitions fréquentes, la force de concentration de l'adulte. — Même chez ce dernier, d'ailleurs, l'attention ne peut s'exercer d'une façon utile que pendant un temps beaucoup plus limité qu'on ne croit généralement. D'après M. Preyer, de nombreuses expériences ont démontré ce fait que l'attention qu'un homme adulte peut donner à un sujet d'étude en lisant, écrivant ou écoutant, s'affaiblit au bout de trois quarts d'heure et se trouve très diminuée en deux heures. Il conclut qu'en Allemagne, bien qu'on varie les exercices pendant la durée des classes, on fatigue encore trop l'élève de sixième ou de septième, en faisant travailler son cerveau pendant deux grandes heures.

Bien travailler vaut mieux que longtemps travailler. Partant de ce principe, M. Jules Simon en trouve la confirmation dans les curieuses expériences récemment faites à Londres par M. Chaddwick, un des propagateurs des écoles de demi-temps. M. Chaddwick prenait dans une école le 1er, le 3e, le 5e et le 7e, et il en faisait une série ; puis le 2e, le 4e, le 6e, pour en faire une seconde série : deux séries de forces égales. Une de ces séries travaillait toute la journée, l'autre ne travaillait que la moitié du temps ; après quoi on les faisait composer l'une avec l'autre. « L'école de demi-temps, nous dit M. Jules Simon, battait souvent l'école de temps entier, et je vous prie de croire que si elle la battait dans les compositions, elle la battait bien autrement dans les récréations. Il fut démontré que deux heures de bon travail valent mieux que quatre heures de travail languissant. Quant à la question de savoir si le travail qui dure onze heures par jour est un travail languissant ou un bon travail, je vous en laisse juges. »

Montaigne, trouvant avec raison que la discipline des collèges de son temps était faite « de violence et de force, d'horreur et de cruauté », rêvait des maisons d'éducation où « la joye, les grâces seraient peintes sur les murs pour égayer les yeux de l'enfant, et où la joie régnerait en réalité dans des classes jonchées de fleurs », dans des écoles « où les danses, jeux, chansons, saults et tours » viendraient alterner avec des études d'ailleurs attrayantes et poursuivies sans contrainte, par « ces âmes délicates, tendres, qu'il dresse pour l'honneur et la liberté ».

M. de Laprade, ce fervent croyant, est du même avis que le sceptique Montaigne et que M. J. Simon. Estimant que la paresse n'est rien de plus qu'un manque de vitalité et de vigueur, une des formes de l'anémie, il affirme que l'on n'aurait plus ou presque plus de paresseux, si l'on fortifiait les organes des élèves par une hygiène bien comprise et bien appliquée. Sa démonstration est celle-ci :

« L'enfant est, par nature, plus actif encore que l'homme fait ; il a horreur de l'immobilité et de l'inertie du corps et de l'esprit. Proposez à ce paresseux qui bâille devant son thème une partie de lutte, de course, d'escrime, de ballon, de ramo, une ascension à pic ; dites-lui d'aider les faucheurs, les vendangeurs ou les moissonneurs dans le champ voisin, ou même le charpentier et le maçon dans le chantier le plus proche : vous verrez avec quel empressement il acceptera, s'il n'est pas malade ! » Et il conclut, sans hésitation, que « le niveau actuel des études classiques ne s'abaisserait pas le moins du monde si l'on introduisait dans tous nos lycées et internats une forte éducation physique. Les quelques heures que l'on ôterait à la durée du travail de l'esprit seraient compensées largement par la vivacité et la force qu'apporteraient à ce travail des organes plus frais et plus vigoureux ». Au double point de vue de l'individu et de la race, dit à son tour M. Guyau, ce qu'on peut toujours développer sans inconvénient chez un enfant, à quelque sexe qu'il appartienne, ce sont les forces du corps, la santé physique étant, en tout état de cause, un bien désirable. La surcharge intellectuelle, au contraire, en fatiguant le corps, peut déséquilibrer l'esprit même. « Plus le corps est faible, s'écrie Rousseau, plus il commande; plus il est fort, plus il obéit. »

Les Anglais, dans l'organisation de leurs écoles, où les exercices du corps ont le pas sur les livres, semblent s'être inspirés de la devise de Montaigne « pour la joie et la liberté ». Après avoir passé dans les collèges anglais les plus renommés, et avoir constaté que les enfants y sont presque aussi libres que chez nous les étudiants des facultés de droit et de médecine, M. Taine reconnaît qu'il n'y a pas en Angleterre, comme chez nous, une séparation profonde entre la vie de l'enfant et celle de l'homme fait; l'école et la société sont de plain-pied, sans mur ou fossé intermédiaire ; l'une conduit et prépare à l'autre. « Tous les jeunes gens que je vois en classe, dans les champs, dans les rues, ont l'air *healthy and actif*, décidés, énergiques. Evidemment, à mes yeux du moins, ils sont plus enfants et plus hommes : plus enfants, c'est-à-dire plus amateurs du jeu et moins disposés à dépasser les limites de leur âge ; plus hommes, c'est-à-dire plus libres, plus capables de se gouverner et d'agir. »

Cette dernière observation, faite par un juge si compétent, justifie ce vœu formulé par M. J. Simon en faveur de nos écoliers condamnés aux travaux forcés, depuis l'âge de six ans, jusqu'à l'âge de vingt-cinq ans. « Je demande, dit leur éloquent avocat, je demande qu'on leur accorde la faveur d'être des enfants pendant leur enfance ; nous aurons le droit d'espérer qu'ils seront des hommes dans leur âge mûr. »

M. de Coubertin joint son témoignage à celui de M. Taine, au sujet de l'éducation anglaise, dans un livre récent où se trouve cette jolie description d'un collège chez nos voisins :

« Harrow on the Hill est situé sur la ligne de Birmingham, à quinze minutes de Londres, au milieu d'une contrée peu accidentée, mais fraîche et verdoyante. C'est une très petite ville dont les maisons s'étagent sur le flanc de la colline qui lui donne son nom. Rien n'a moins l'air d'un collège, au sens français du mot, que les bâtiments épars sur le sommet de cette colline ; mais les idées de nos voisins, en matière d'éducation, y sont en quelque sorte inscrites, et le paysage en porte l'empreinte. Ces cottages, enfouis dans la verdure et percés de petites fenêtres aux rebords garnis de fleurs ; ces gazons soigneusement tondus ; ces hangars sous les toits desquels on devine des salles pour les jeux, attestent la préoccupation de l'éducation anglaise : cette double tendance vers le corps et vers l'esprit, vers la formation physique et vers l'apprentissage de la liberté, dont, en France, on parle tant et que l'on connaît si peu. »

En effet, les écoliers anglais sont tenus seulement à assister aux classes, aux répétitions, aux dîners, et à rentrer le soir à une heure fixée, rien de plus ; le reste de la journée leur appartient : à eux de l'employer à leur guise. La seule charge qui pèse sur ces heures libres est l'obligation de faire le devoir prescrit ; mais ils peuvent le faire où ils veulent et quand ils veulent. Ils sont maîtres de leur temps et aussi de leur argent, se donnent des goûters, achètent pour orner leur chambre. Il paraît que s'ils font des dettes, on vend aux enchères leur petit mobilier privé. « Initiative et responsabilité : il est curieux de voir des bambins de douze ans élevés jusqu'à la dignité d'hommes. »

Mais aussi, quand ces enfants abordent la vie, sont-ils moins enclins à tous ces excès auxquels se livrent les nôtres, qui passent sans transition, et sans préparation, de la détention universitaire à l'émancipation la plus complète. L'inaptitude des nôtres à se conduire peut se comparer à celle des animaux qui, élevés en cage, se trouvent tout à coup mis en liberté. « On sait, dit M. Maneuvrier, que pendant bien longtemps les efforts ingénieux des pisciculteurs pour repeupler nos rivières, sont restés stériles. Ils élevaient fort soigneusement dans leurs viviers des milliers de petits poissons qui y prospéraient à merveille ; puis, quand ils les lâchaient dans les cours d'eau, tout s'évanouissait, tout périssait. On s'aperçut alors que les alevins, n'ayant pas été habitués à se nourrir seuls et à poursuivre la proie vivante, mouraient de faim. Ils n'avaient pas reçu « l'éducation de la liberté ». On connaît de même le sort réservé aux oiseaux qui s'échappent de leurs cages : ils ne savent pas chercher leur nourriture ; ils périssent d'inanition ; ils meurent pour n'avoir pas appris à être libres. »

Après cela ne nous étonnons pas si les jeunes Anglais se montrent plus pratiques que nos enfants et se tirent mieux d'affaire dans le monde, à l'étranger, en dehors du vivier natal. — Quant aux résultats purement physiques de leur éducation, retenons ce que nous en dit M. Ph. Daryl, dont les articles sur *les jeux scolaires et l'éducation en Angleterre* ont été si remarqués :

« Trois fois par semaine, les élèves d'Eton passent l'après-midi entière dans les prés, s'y divertissent à leur guise, mais toujours à des jeux actifs et propres à favoriser le développement physique. Aussi ne voit-on point chez eux les poitrines de poulet, les épaules en col de bouteille, le teint boutonneux et les tournures de ver de noisette qui affligent trop souvent le regard dans les rangs de nos lycéens. Tous les garçons élevés à Eton ne sont pas des Antinoüs, cela va sans dire ; mais ils ont, pour la plupart, le teint frais et clair, les épaules droites, le thorax bien développé, les hanches sèches et les membres vigoureux. »

La gymnastique bien comprise modifie heureusement les excitations de l'appareil nerveux et rétablit l'équilibre avec l'appareil musculaire. En répartissant dans tous les membres le sang que le travail intellectuel fait affluer au cerveau, elle est éminemment salutaire aux étudiants, aux artistes, aux littérateurs, à tous ceux qui surexcitent leurs facultés cérébrales. Par cette action bienfaisante, elle dispose à la bonne humeur, et c'est pourquoi, sans doute, Alfred de Musset disait ; Il n'y a pas de maître d'armes mélancolique.

De plus, appliquée spécialement au développement de nos membres et de ceux de nos organes qui sont plus faibles, elle peut contribuer pour beaucoup à les fortifier, et remédier même complètement à leur faiblesse accidentelle ou héréditaire.

Sur ce point nous avons tout à apprendre des autres, surtout des Suédois (1). En Russie, la myopie est guérie par une sorte de gymnastique des yeux, que nous avons vu appliquer à l'aide d'appareils spéciaux à l'Exposition universelle de 1878. Ces appareils sont des plus simples. L'enfant myope est tenu immobile devant un livre à gros caractères placé, à la portée de sa vue, sur un pupitre roulant dans des rainures. Ce pupitre est graduellement éloigné, mais d'une façon presque insensible chaque fois, de sorte que l'enfant est

(1) Sur la gymnastique à Stockholm, voir la *Revue des deux mondes* du 15 avril 1891.

amené à tendre chaque jour un peu plus sa vue pour continuer à lire le même texte. Les résultats obtenus par ce procédé sont surprenants.

A côté de leurs avantages, la gymnastique et certains exercices du corps ne sont pas sans inconvénients quand leur pratique, exigeant une certaine tension d'esprit, ajoute à la fatigue intellectuelle. Nonobstant le mot d'Alfred de Musset, l'escrime est dans ce cas, et il est probable que si le maître d'armes est généralement de bonne humeur, c'est que son cerveau ne connaît qu'une sorte de travail. L'équitation dite de haute école est aussi dans la catégorie des exercices exigeant une sérieuse application. — Dans l'escrime, indépendamment de l'attention intense qu'il faut prêter aux moindres mouvements de l'adversaire, il y a encore à tenir compte de l'état de tension dans lequel on doit maintenir ses muscles, pour coordonner ses mouvements et être toujours prêt à parer ou à attaquer avec toute la soudaineté nécessaire. Le corps humain et la substance cérébrale en pareil cas, bien que les mouvements soient parfois très restreints, peuvent dépenser beaucoup de force vitale, et c'est avec toute raison qu'un physiologiste les compare alors à une machine sous pression, usant autant de combustible que si elle fonctionnait.

4***

C'est pour une cause analogue que les chats engraissent peu, bien qu'ils paraissent souvent somnoler. Leur engourdissement n'est qu'apparent, et chez eux la machine nerveuse est presque constamment en état de pression : on le voit dès que le plus léger bruit frappe leur oreille, et encore mieux aux bonds prodigieux qu'ils sont toujours prêts à faire en cas d'alerte sérieuse.

Dans sa *Physiologie des exercices du corps,* le Dr Lagrange regrette qu'on n'ait pas encore établi les indications si différentes des exercices qui font travailler avec exagération les centres nerveux, et de ceux qui n'exigent qu'une très faible action du cerveau. Ces indications sont pourtant très formelles et très nettes, et il les formule ainsi :

« Toutes les fois que la médication par l'exercice a pour but d'exciter vivement les centres nerveux et de faire travailler le cerveau, les exercices difficiles doivent être préférés aux exercices automatiques. — Les exercices faciles, instinctifs, ou ceux qui sont devenus familiers au sujet par un apprentissage antérieur, ceux, en un mot, qui peuvent être exécutés automatiquement, sans nécessiter aucun effort soutenu d'attention, conviennent, au contraire, aux sujets dont il faut ménager le cerveau, tout en fatiguant les muscles.

« Qu'on ordonne l'escrime, la gymnastique avec appareils et l'équitation de haute école à tous les désœuvrés de l'esprit dont le cerveau languit faute d'action. L'effort de volonté et le travail de coordination que ces exercices nécessitent donneront aux cellules cérébrales engourdies une excitation salutaire. Mais à l'enfant surmené par le travail des livres, à celui dont les centres nerveux se congestionnent sous l'effort intellectuel persistant dû à la préparation d'un concours, à celui-là il faut prescrire les longues marches, l'exercice si facilement appris de l'aviron et, faute de mieux, les vieux jeux français de « saute-mouton » et de « barres », les poursuites, la course, tout enfin, plutôt que les exercices savants et la gymnastique acrobatique. »

Dans une autre partie de son livre, le même auteur démontre que l'ampliation de la poitrine s'obtient plutôt par la marche, par les exercices des jambes, que par les exercices des bras. C'est, en effet, par d'amples mouvements respiratoires que se développe le poumon. « Des observations nombreuses prouvent qu'il suffit de faire volontairement chaque jour un certain nombre de respirations forcées pour constater, au bout d'un temps assez court, des ampliations du thorax qui atteignent 2 et 3 centimètres... Or le trapèze, les anneaux, les barres parallèles activent beaucoup moins la respiration que la course. Ces exercices font grossir les muscles et même les os de la région qui travaille, mais n'augmentent que dans de faibles proportions les diamètres antéro-postérieur et transversal de la poitrine. » Donc, « quand un jeune sujet a la poitrine étroite et les côtes rentrées — sans recourir à aucun engin compliqué, à aucun procédé difficile — recommandez l'exercice de la course si c'est un garçon, ou le « saut à la corde si s'est une fille ». Cette consultation, ces conseils d'un homme si compétent, reviennent à dire que les jeux ordinaires sont encore la meilleure gymnastique enfantine. « L'extrême intérêt que les enfants prennent au jeu, la joie désordonnée avec laquelle ils se livrent à leurs plus folles boutades, sont aussi importants en eux-mêmes pour le développement du corps que l'exercice qui les accompagne. Et comme la gymnastique ne produit pas ces stimulants et qu'elle fournit au contraire au professeur l'occasion de les réfréner, la gymnastique est inférieure au jeu. »

On sait quelles réflexions amères la vue des jeux des enfants a inspirées à la Bruyère. « La paresse, l'indolence et l'oisiveté, vices naturels aux enfants, dit-il, disparaissent dans leurs jeux, où ils sont vifs, appliqués, exacts, amoureux des règles et de la symétrie, où ils ne se pardonnent nulle faute les uns aux autres et recommencent eux-mêmes plusieurs fois une seule chose qu'ils ont manquée : présage certain qu'ils pourront un jour négliger leurs devoirs, mais qu'ils n'oublieront rien pour leurs plaisirs. »

D'abord, ce que la Bruyère dit des enfants, on peut également le dire des hommes. Comme Duclos et d'autres l'ont observé, on voit des hommes qui ne paraissent pas capables de lier deux idées ensemble, et qui cependant font au jeu les combinaisons les plus compliquées, les plus sûres et les plus rapides. « Cet esprit de calcul et de combinaison aurait pu être appliqué à des sciences qui leur auraient peut-être fait un nom. »

Pour Montaigne, les jeux des enfants ne sont pas jeux « et les fault juger en eulx comme leurs plus sérieuses actions ». Montaigne a raison, et c'est à nous de savoir tirer parti de cette vive ardeur, de cette passion, et même de cette patience que les enfants apportent à leurs divertissements, où le fond de leur nature et leur caractère se livrent tout entiers. Pour bien élever les enfants, il faut d'abord les bien connaître ; or ils ne se révèleront complètement qu'à l'homme qui se mêle et se plaît à leurs jeux. La connaissance intime que l'on peut en avoir ainsi, n'est pas seulement utile au point de vue moral; elle l'est également au point de vue professionnel, par les indications qu'elle nous apporte sur leurs goûts, leurs tendances, leurs prédispositions. Quand Saint-Evremond a écrit: Il n'y a personne qui n'ait en soi quelque chose de bon qui peut devenir excellent, s'il est *reconnu* et cultivé, Saint-Evremond, comme beaucoup d'autres écrivains de second ordre, a formulé une pensée supérieure au niveau ordinaire de son esprit.

Emile Deschamps, à son tour, dit que, pour bien évaluer un homme, il ne faut pas considérer sa carrière, son état, ni à quoi il s'occupe, mais seulement à quoi il s'amuse. Parce que, s'il y a du hasard, de la nécessité, du calcul, dans le choix de telle ou telle carrière, il n'y a que la volonté, la préférence naturelle dans le choix des plaisirs.

C'est pour les mêmes raisons qu'il est souvent plus facile de juger de l'esprit et des tendances des enfants par leurs questions que par leurs réponses. En effet, leurs réponses sont subordonnées aux questions qui leur sont faites, tandis que leurs interrogations, émanant bien d'eux, indiquent ce qui les intéresse plus particulièrement, les points sur lesquels la curiosité de leur esprit se porte de préférence.

Sachons-le bien d'ailleurs, l'enfant s'intéressera surtout aux choses où nous saurons lui laisser une certaine initiative. C'est ce que Spencer dit aux parents en termes des plus vifs : « En matière d'éducation, il faut encourager de toutes ses forces le développement spontané. Il faudrait que l'enfant fût conduit à faire de lui-même les recherches, à tirer lui-même les conséquences de ses découvertes. Il faudrait lui *enseigner* le moins possible et lui faire *trouver* le plus possible. La nécessité d'endoctriner l'enfant vient de notre stupidité, non de la sienne. Nous l'arrachons aux faits qui l'intéressent et qu'il est en train de s'assimiler activement. Nous mettons devant ses yeux des faits beaucoup trop complexes pour lui et qui, par conséquent, l'ennuient... En le privant des connaissances auxquelles il aspire et en le bourrant de connaissances qu'il ne peut pas digérer, nous produisons un état morbide des facultés, et, par suite, le dégoût de l'étude. »

En fait, l'enfant ne comprend rien à ce qui est abstrait et le repousse obstinément ; il n'a de sympathie que pour ce qui frappe ses sens : vainement on lui explique les règles de la grammaire ou les démonstrations mathématiques, son esprit ne peut se tendre sur des sujets abstraits, sur des théories. Mais il fera volontiers de la géométrie pratique et apprendra les langues étrangères par l'oreille, comme il a appris sa langue maternelle avant d'en connaître les règles. — Frappés de la stérilité du mode d'enseignement des langues vivantes dans les lycées, bon nombre de pères de famille font chorus avec ceux qui trouvent que l'habitude de préluder à la pratique d'une langue par les définitions des parties du discours et de leur emploi, est à peu près aussi raisonnable que le serait celle de préluder à l'exercice de la marche par un cours sur les os, les muscles et les nerfs de la jambe.

De même, vouloir doter des bambins du sentiment littéraire, leur demander d'avoir déjà du style, avant qu'ils aient pu apprendre à penser, c'est, suivant une comparaison très juste, agir comme le jardinier qui croirait mûrir ses pêches en les coloriant d'une couche de vermillon, sûr moyen d'entraver leur maturité naturelle.

Montaigne ne voulait pas que les enfants apprissent rien par cœur. « Savoir par cœur n'est pas savoir, disait-il ; c'est tenir ce qu'on a donné en garde à sa mémoire. Ce qu'on sait directement, on en dispose sans regarder au patron, sans tourner les yeux vers son livre. Fâcheuse suffisance, qu'une suffisance livresque ! » Voltaire a abondé dans le sens de Montaigne, en constatant que les hommes s'attachent plus aux vérités qu'ils croient avoir découvertes qu'à celles qu'on leur a enseignées. Toutefois, un commentateur des *Essais*, M. Compayré, fait cette judicieuse réserve au sujet de l'opinion trop absolue de Montaigne : « Sans doute, on ne sait que ce qu'on a appris ; mais il y a des choses qu'on ne sait bien qu'à la condition de les savoir par cœur : par exemple, certaines formules dans les sciences, certaines règles de grammaire, les dates de l'histoire, etc. »

On se tromperait aussi en croyant que toute l'éducation peut se faire à l'aide de moyens faciles et attrayants. Montaigne lui même là-dessus s'est contredit quand, au livre deuxième de ses *Essais*, il a écrit : « La vertu refuse la facilité pour compagne ; la vertu demande un chemin aspre et espineux. » Le début de toute étude imposant un effort et, par suite, une fatigue, une peine, cette première peine, il serait utopique de vouloir la supprimer complètement. L'homme deviendrait pour toute sa vie incapable d'effort, si on renonçait à l'y habituer dès l'enfance. Mais dans la mesure où cela peut se concilier avec les exigences de l'enseignement, il faut tâcher d'acheminer l'enfant vers l'effort, et ne jamais le lui imposer d'une façon brusque, sans encouragement préalable.

D'abord, en rendant les enfants heureux, ou plutôt le moins malheureux possible, on leur assure pour le reste de leurs jours le bonheur que donne le souvenir d'une jeunesse affranchie d'impressions pénibles. Il faut aussi se pénétrer de cette vérité qu'il y a plus d'inconvénients que d'avantages attachés à une instruction trop hâtive, à ce que l'on appelle aujourd'hui le *bourrage*, mot qui peint bien la chose. A ceux qui se demandent comment il se fait que les cerveaux dans lesquels on a entassé une foule de connaissances n'en deviennent pas plus vifs et plus éveillés, Montaigne a répondu d'avance avec son fin sourire : « Comme les plantes s'étouffent de trop d'humeur (mis pour fumure) et les lampes de trop d'huile, aussi fait l'action de l'esprit par trop d'étude et de matière. »

Remarquons en passant que la tendance à charger le cerveau d'une instruction « purement livresque » est un défaut de tous les temps. Ainsi Sénèque dans ses lettres s'en plaignait et disait : « On ne nous instruit pas pour la vie, on nous instruit pour l'école. »

D'après Spencer, le plaisir serait le seul mobile de l'activité humaine, ce serait lui qu'on trouverait toujours au fond de ce que nous appelons le bien. S'il en était ainsi, l'égoïsme serait le vrai bien pour l'égoïste ; la règle du plaisir serait la destruction même de toute règle. Pour nous, sans méconnaître que le plaisir est un des plus puissants mobiles de notre activité, et que toute activité libre le fait naître, notre conviction est que le plaisir qu'aucune peine n'achèterait ne saurait plus être un plaisir apprécié, de même que sans la laideur nous ne saurions pas ce que c'est que la beauté. — Aristote s'était demandé ce que c'était que le plaisir, et, dans sa *Morale*, il était arrivé à cette découverte curieuse qu'on a trop laissé tomber en oubli : c'est que le plaisir n'est que le résultat d'un effort ; c'est à l'effort accompli que la nature bienfaisante attache le plaisir. — N'est-ce pas là une de ces grandes vérités qui, s'accordant, se conciliant avec leur contraire, satisfont aux conditions du principe d'Hegel ?

Quant à l'attrait qui réside tout particulièrement dans la recherche des choses, il est plus qu'un plaisir, c'est lui seul que nous trouvons au fond du creuset où nous essayons d'analyser ce qui constitue pour nous le bonheur. Aussi Pascal a-t-il pu dire: « Nous ne cherchons jamais les choses, mais la recherche des choses. » Et, en effet, c'est la poursuite du gibier plutôt que sa possession qui fait le plaisir des chasseurs, ou, si l'on veut, c'est le souvenir des difficultés que l'on a eu à vaincre qui fait le plaisir de la possession. Et il en est de même pour les recherches de l'ordre le plus élevé. Quand on annonça à saint Anselme que probablement Dieu le rappellerait à lui dans quelques jours, il répondit: « Si telle est sa volonté, j'obéirai de bon cœur; mais s'il aimait mieux me laisser encore parmi vous, au moins assez longtemps pour résoudre une question que je médite touchant l'origine de l'âme, j'accepterais avec reconnaissance, d'autant que je ne sais si, après ma mort, personne la résoudra. » M. de Rémusat, qui cite cette touchante réponse, ajoute: « La recherche de la vérité passionne encore ces grands et inquiets esprits au moment où ils vont à elle; ils préfèrent l'amour à la possession, et sur le seuil du ciel, ils regrettent de la terre le travail et l'espérance. — Donc, il n'y a de vrai que nos désirs, et par ainsi: « Les châteaux en Espagne sont les seuls biens que nous possédions réellement. »

Comme on le voit, tout confirme ce grand principe d'éducation auquel nous revenons, qu'il faut amener l'enfant à *chercher*, et faire en sorte qu'il *trouve*, ou croit trouver, le plus possible par lui-même. — Cette disposition d'esprit persiste dans l'homme. On n'est frappé dans l'esprit des autres que des idées différentes des siennes, mais on n'en retient que ce qu'on avait ressenti. « La jouissance de rencontrer sa pensée, parée de tout le prestige du style et du talent, peut se comparer à celle que l'on éprouve en voyant les traits de ceux qu'on aime reproduits par un maître de l'art. »

Si jouir c'est agir à son gré, et si l'idée de plaisir est, comme nous l'avons vu, corrélative à celle de peine, il importe de remarquer que la relation mutuelle de la jouissance et de la souffrance est inverse pour les sens supérieurs et les sens inférieurs. M. Fouillée expose ainsi les raisons de cette différence :

« Pour la sensibilité générale et interne, pour la température, pour le toucher même, le plaisir présuppose quelque malaise antécédent ou quelque besoin. C'est quand la peau est brûlante qu'il est agréable de la baigner d'eau froide; c'est quand on a faim et soif qu'il est agréable de manger ou de boire ; mais buvez ou mangez sans soif et sans faim préalable : si vous éprouvez encore du plaisir, ce sera seulement par l'effet particulier des aliments sur le sens spécialisé du goût.

« Une loi opposée se manifeste dans les sens supérieurs et partout où il y a des organes très spécialisés : là, c'est le plaisir qui peut naître immédiatement. C'est ce qui a lieu pour les excitations de la vue, de l'ouïe, de l'odorat, du goût intellectuel. En revanche, les sens supérieurs connaissent moins la souffrance que la simple gêne : une dissonance, un coup de sifflet aigu, des couleurs discordantes, une lumière éblouissante, une odeur désagréable, ne sauraient produire une douleur de l'audition ou de la vision comparable en intensité à celle d'une blessure ou d'une brûlure ; la douleur même des yeux ou des oreilles n'est dans ce cas qu'une espèce de coup ou de blessure superficielle.

« Nous pouvons peu de chose sur nos organes intérieurs, tandis que nous pouvons volontairement regarder, écouter, flairer, savourer, palper. Or, c'est précisément avec cette activité supérieure que coïncide le plaisir. Au contraire, l'état passif de la sensibilité interne la rend plus propre à la douleur qu'au plaisir.

« L'activité débordante, qui se sent libre des

obstacles, supérieure à ce qui était nécessaire pour la satisfaction du besoin, est quelque chose d'analogue, dans le domaine de la sensibilité, à ce qui, dans l'art, cause le plaisir par excellence et réalise le charme suprême : la grâce. La grâce est produite par une surabondance qui a pour résultat l'affranchissement du rude « combat pour l'existence », la liberté et l'aisance des mouvements, le jeu facile de la pensée, l'expansion du cœur et la générosité du vouloir : le vrai plaisir est la grâce de la vie ! »

Cette analyse pénétrante arrive à démontrer scientifiquement la justesse de cette assertion des moralistes qu'aucune des jouissances matérielles ne donne tout ce qu'elle semble promettre, tandis qu'on trouve, dans celles de l'intelligence, toujours plus qu'elles n'ont fait espérer. En fin de compte, le bonheur relatif auquel nous pouvons prétendre, subordonné qu'il est à la légitime satisfaction de nos goûts et de nos affections, doit être d'autant plus grand que ces goûts sont plus élevés, plus purs, plus désintéressés. Pour vivre pleinement, il faut vivre non seulement pour soi, mais pour beaucoup d'autres. L'idéal de la vie individuelle, c'est la vie avec tous et pour tous. Les moments de tendre expansion sont nos moments les plus heureux : aussi la plus haute félicité que nous puissions goûter nous vient-elle de l'amour, suprême et féconde expansion de notre âme et de tout notre être.

Soyons donc indulgents aux autres, soyons bons, pour être heureux. Ce que Platon a si bien dit à cet égard est toujours vrai : en cherchant le bien de nos semblables, nous rencontrons le nôtre.

Quoique la disposition à l'enjouement soit en général inhérente au tempérament, elle peut cependant s'acquérir et se développer comme toute autre habitude ; elle nous vient d'elle-même, comme une récompense, quand nous faisons notre devoir. « La douceur et la gaieté, dit M. Pérez, sont, avant tout, des manifestations sociales de politesse. Elles font partie de nos devoirs envers les autres, et, comme tous les devoirs, elles s'apprennent... On reconnaît, à première vue, un enfant élevé par une bonne aimable et polie, d'un enfant élevé par une servante maussade et grossière ; il y a, dans l'un comme dans l'autre, un air de physionomie habituel, qui trompe rarement. Le visage de l'enfant, comme ses attitudes, reflète les manières de ses éducateurs.

« Très peu de personnes se doutent que la gaieté soit affaire de réglementation morale. C'est pourtant un devoir, léger en apparence, très sérieux au fond, que le devoir de bonne humeur dans la famille. Rien de plus rare que cette vertu... Il semble que l'amabilité et la grâce soient une monnaie que l'on réserve pour les indifférents. Si bien que Fontenelle, dans un de ses *Eloges*, voulant faire le portrait le plus favorable du personnage qu'il loue, termine par ce trait qu'il paraît mettre au-dessus de tout le reste : « Enfin, il était d'une humeur agréable, même dans sa famille ».

Dans un sentiment analogue, Alphonse Karr gourmande les femmes qui gardent leurs papillotes tant qu'elles sont avec leur mari, et ne se font belles que pour les étrangers. — Doudan, lui, le délicat Doudan, s'en prend aux hommes qui écrivent à leurs amis d'une façon négligée et réservent tout leur talent pour leurs livres. « Le fond de soi, dit-il, doit éclater partout dans la conversation, dans les lettres, comme dans les écrits publiés : il n'y a rien de triste comme ces salons de province où on n'allume du feu que quand il vient de beau monde. » Aussi les lettres de Doudan sont-elles pour tous un régal exquis.

Les mères et les nourrices savent avec quelle facilité le rire éclate chez les enfants bien portants. A ce sujet, M. Courdaveaux, dans son livre sur *Le rire dans la vie et dans l'art*, remarque que les individus qui réfléchissent le moins, comme les enfants, les gens du peuple (1), en un mot, les simples d'esprit, sont précisément ceux qui rient le plus. Heureux donc les simples d'esprit, le royaume du rire est à eux ! Mais il nous paraît intéressant d'entrer avec ce savant analyste dans l'étude des causes qui provoquent le rire, — ne serait-ce que pour aider à le faire naître. A son point de vue, ce sont des faits instinctifs que les plaisirs dont jaillit le rire ; et, par conséquent, c'est dans les seules lois de notre sensibilité spontanée que l'on doit chercher les moyens de ramener ces faits au principe, à la cause unique jusqu'ici vainement cherchée.

Pour Darwin, il est de l'essence de toute émotion agréable de susciter le rire, et si en avançant en âge nous rions moins, c'est que, à cet égard, comme à tant d'autres, nous devenons plus maîtres de nos nerfs. Un des faits les mieux acquis, c'est que le

(1) M. Manouvrier, au contraire, trouve qu'il n'y a rien de plus triste, de plus morose que l'homme inculte et illettré. « Il se dépense en cris, dit-il, en chansons, en exclamations ; mais cela même prouve le contraire de la joie. » L'auteur de l'*Education de la bourgeoisie* arrive ainsi à nier le plaisir, en ne l'admettant que s'il est d'une certaine qualité. — C'est trop vouloir prouver. L'homme du peuple qui a travaillé dur, jouit de tout son cœur d'un moment de bien-être, sa joie est une vraie joie, sa gaîté n'a rien de factice.

plaisir dont le rire est la manifestation naît le plus souvent de l'impression que nous fait éprouver dans les choses peu graves la perception d'un rapport d'opposition entre ce qui est et ce qui doit être. On rira plus d'un soldat poltron que d'un enfant peureux, et d'un grave magistrat ou d'un pasteur en goguette que d'un ouvrier faisant le lundi. Les calembours nous font rire par la disparate des idées avec l'apparent accord des mots qui les expriment. Ainsi, Gros René, dans le *Dépit amoureux*, fera toujours rire, quand, décrivant une tempête où

... le vaisseau, malgré le nautonier,
Va tantôt à la cave et tantôt au grenier,

il lève et abaisse le bras à contre-sens, montrant le ciel au mot *cave* et la cave au mot *grenier*.

Pour nous, au fond de ces oppositions de mots et de ces disparates de gestes, ce que nous retrouvons toujours, c'est une forme particulière de mouvement se communiquant à l'esprit. Chez l'enfant, dit M. Nicolay, la cause du rire est généralement physique. « C'est la mimique, c'est la mise en scène, qui le déride de préférence. La gaîté lui entre par les yeux. » Si les coups de bâton de Polichinelle, qui sont du mouvement *vu*, l'amusent tant et quand même, par le mouvement auquel on saura l'associer de sa petite personne, la gaîté ne lui entrera plus seulement par les yeux, elle lui viendra par tous les pores. — Et, en effet, ce qu'on constate physiologiquement, c'est que toujours la joie se traduit par un grand besoin de mouvement expansif, surtout chez les enfants et les jeunes animaux : l'individu ne peut tenir en place, il saute, danse, court, gesticule et s'exclame; le jeune chien agite sa queue, bondit, aboie, et souvent se met à courir en rond comme pris de vertige. C'est le triomphe du plaisir que procure l'activité libre ! Pour l'homme, ce besoin de mouvement, répercuté sur ses organes internes, produit une série de petites expirations saccadées plus ou moins bruyantes, dépendant en grande partie des contractions du diaphragme. Ces mêmes contractions peuvent aussi être produites par des causes purement physiques, comme des chatouillements, des gaz hilarants.

On peut trouver une certaine analogie entre les effets d'un chatouillement inattendu et ceux de la surprise hilarante que nous cause la vue d'une personne qui tombe, dans des conditions ne pouvant nous donner l'idée immédiate d'un accident sérieux. Il est vrai que parfois la chute la plus légère peut avoir des conséquences graves; mais notre rire éclate avant que cette réflexion ne puisse naître. Là est notre excuse, et ce qui le prouve, c'est que nous ne rions pas quand une personne tombe d'un lieu élevé, ni même quand nous voyons un cheval s'abattre plus ou moins bruyamment. La surprise, la secousse nerveuse qu'alors nous éprouvons est un mouvement de frayeur qui ferait plutôt jaillir les larmes que le rire.

Autant le chien agite joyeusement sa queue pour témoigner sa satisfaction, autant il la porte basse quand la crainte le tient. Au mouvement d'expansion au dehors succède un mouvement diamétralement opposé. Ainsi le chagrin, la tristesse amènent chez les enfants la dépression des traits et l'abaissement du coin des lèvres. Ces rapprochements faisaient dire à un humoriste de nos amis : « Celui qui expliquera pourquoi la queue d'Azor frétille, expliquera du même coup le mystère du rire chez l'homme. »

Le plaisir de la rêverie n'a rien de contradictoire avec celui qui naît de l'activité libre. La rêverie, c'est le libre essor donné à l'imagination qui s'ouvre à elle-même les espaces infinis. Elle diffère autant de l'inactivité que l'activité latente, dont nous avons parlé plus haut, diffère du repos.

Si nous nous sommes arrêté longtemps sur ce

sujet du rire, c'est qu'il est d'importance majeure pour l'homme, au point de vue moral et au point de vue physique. Une disposition gaie est non seulement une grande source de jouissances et une force, mais elle est encore une sauvegarde pour le caractère. Voyez avec quelle unanimité enthousiaste les esprits les plus forts et les plus fins célèbrent le rire :

— Tout ce qui amuse et fait rire est fort bon. (Diderot.)

— Il n'y a de bonnes gens que ceux qui rient. (P.-L. Courier.)

— La gaieté est comme un ressort qui rend l'âme élastique. (Taine.)

— Le rire est la fleur du courage. (A. France.)

C'est que le rire, en effet, est éminemment sociable :

« On ne rit presque jamais seul ; pour rire longtemps, il faut rire de compagnie. » — Ajoutons que la gaieté, cette belle et robuste qualité de l'esprit, est aussi une garantie de santé, un excellent préservatif contre la maladie, contre l'affaissement du corps. Le docteur Marshall Hall, considérant le bonheur comme le plus puissant des topiques, avait coutume de dire qu'il n'y avait aucun cordial qui fût plus salutaire que la gaieté. Et, près de trente siècles avant ce savant praticien, Salomon avait dit « qu'un cœur gai faisait plus de bien qu'un médicament ».

Tout commande donc qu'à la maison chacun donne à l'enfant l'exemple de l'entrain. Pas n'est besoin d'être grand clerc pour savoir que la gaîté est éminemment contagieuse. Le moindre amphytrion de village ne manque pas de convier le joyeux compagnon qu'il sait devoir communiquer sa belle humour aux autres. Qu'un rire franc et prolongé éclate à nos oreilles, et, même sans en connaître la cause, nous nous y associons ! Dans son amusante familiarité, l'expression *rire au flair* est absolument juste.

Comme, chez les enfants, les larmes ne sont malheureusement pas moins promptes à jaillir que le rire, et que, souvent, quand on se met à pleurer, on s'arrête difficilement, même dans un âge plus avancé, nous ne saurions trop recommander d'user, contre les pleurs, de l'excellent dérivatif que fournissent les sorties au grand air. Dans son travail sur *l'Education dès le berceau*, M. Pérez insiste sur l'efficacité de ces bains d'air et de soleil. « Les sorties, tous les jours, quand le temps le permet, sont pour les enfants un plaisir nécessaire. Montesquieu disait qu'il n'y avait pas de chagrin dont une demi-heure de lecture ne le débarrassât : il faut qu'un enfant soit bien malade, pour n'être pas aux trois quarts refait par une ou deux heures de sortie ».

A rapprocher de ce conseil, les lignes suivantes de M. Taine, d'où il ressort que les hommes ne se trouvent pas moins bien que les enfants de ces contacts avec la nature :

« Il n'est pas d'émotion qui ne s'adoucisse au spectacle de la campagne. L'esprit y prend quelque chose de l'harmonie et de la sérénité des choses. On ne peut contempler les grandes lignes des paysages, la monotonie du mouvement des arbres, le calme des ombres et de la lumière, sans se conformer à la pensée uniforme et tranquille qui vit sourdement en tous ces objets. Il suffit à l'âme qui veille et s'agite d'apercevoir la nature qui sommeille pour se rendormir à demi. »

Gardons-nous de croire cependant que si le grand air et la marche calment l'excitation chagrine, leur action soit engourdissante pour la pensée, au contraire. Tous les penseurs ont remarqué que l'exercice physique et surtout la marche au grand air, favorisent le travail cérébral. Les péripatéticiens discutaient en marchant et trouvaient ainsi leurs arguments avec beaucoup plus de facilité. — Souvent, j'ai constaté que même le mouvement de la voiture ou du train qui nous emporte, active notre imagination, et je l'attribue à la vision rapide d'une foule d'objets différents. J.-J. Rousseau, qui a passé une partie de sa vie au grand air, comme botaniste et comme amant de la nature, est bien en droit de nous dire que « la marche et le mouvement favorisent le jeu du cerveau et le travail de la pensée ». Enfin le docteur Lagrange nous montre que l'excitation du cerveau peut aller très loin sous l'influence de la congestion active déterminée par l'action musculaire.

« On peut se griser de mouvement, dit-il, et, chez certains cerveaux disposés, soit par leur organisation native, soit par des idées exaltées ou par des passions, l'exercice musculaire est souvent le prélude d'actes analogues à ceux de l'ivresse et même de la folie. Les danses des sauvages, les contorsions des derviches tourneurs, amènent, sans le secours d'aucune boisson alcoolique, un état de surexcitation cérébrale capable de produire les phénomènes nerveux les plus violents. — On raconte que nos ancêtres les Gaulois, au milieu de l'excitation d'une bataille, étaient pris quelquefois d'une sorte d'ivresse qui les rendait furieux et insensibles aux blessures.

« Sans aller jusqu'à l'ivresse, l'exercice, au début, produit chez tout le monde une excitation légère, une sorte *d'entrain*. La jeune fille qui danse se *met en train*, et passerait la nuit et le jour, oubliant la fatigue : un quart d'heure de valse la met dans le même état qu'un verre de champagne. Le cheval vigoureux se met en train par un léger temps de galop et s'anime quelquefois si fort qu'il subit une sorte de vertige et *s'emballe*.

« Tous ces faits sont le résultat d'une légère congestion cérébrale. Les effets apparents de l'exercice sur l'individu sont, du reste, semblables à ceux que produit l'alcool : même teint animé, mêmes yeux brillants, même allure décidée. » Aussi ferons-nous remarquer en passant, pour y revenir plus tard, que sous l'influence généreuse des mouvements auxquels elles sont parfois amenées à s'associer dans une réunion plus ou moins nombreuse, les personnes timides d'habitude cessent de se sentir paralysées par la timidité.

Comme dernière observation à noter sur les effets bienfaisants des mouvements libres accomplis au grand air, il est physiologiquement établi qu'on s'ennuie plus facilement dans les lieux où l'air n'est pas renouvelé, tandis que l'ennui se produit difficilement sur les montagnes, au bord de la mer, dans tous les lieux enfin où de grandes masses d'oxygène circulent ; de là ce besoin de prendre l'air qui s'empare de tous ceux que l'ennui a saisis, de là cette congestion pénible, cette oppression qui amène à chaque instant chez eux le besoin de bâiller. Tout confirme l'opinion de Gratiolet que l'ennui est en soi un commencement de congestion et d'asphyxie. On conçoit dès lors avec ce physiologiste comment toutes les causes qui peuvent directement ou par sympathie ralentir les mouvements respirateurs, un chant lent et monotone, par exemple, sollicitent irrésistiblement à l'ennui, tandis qu'il est le plus souvent vaincu par l'influence d'une musique d'un rythme rapide et entraînant... Aussi toute marche est-elle essentiellement composée de périodes ascendantes, tandis que le chant des nourrices qui endorment les petits enfants se développera surtout en périodes descendantes.

Etant démontré, par tout ce qui précède, que les dispositions actives décident dans une large mesure de l'humeur, des tendances passionnelles, des aptitudes mentales, et qu'en un mot l'activité est la pièce principale du caractère, on comprend combien il est intéressant de pouvoir apprécier, mesurer, au moins approximativement, le degré d'activité dont chacun est doué.

Un disciple de Schopenhauer, M. J. Bahnsen, dans sa *Caractérologie*, indique pour cela une méthode que l'éminent professeur H. Marion estime être la vraie. Soumettant à une analyse ingénieuse cette énergie active, dont les degrés divers mettent tant de différence entre les hommes, il y distingue en quelque sorte quatre éléments ; il la décompose en quatre moments, pour ainsi dire, et voit quatre questions impliquées dans cette question si simple en apparence : Comment tel individu est-il doué sous le rapport de l'activité? Cela veut dire : 1° Est-il d'une *spontanéité forte ou faible*? a-t-il beaucoup ou peu d'initiative? est-il homme à agir de lui-même et à en chercher les occasions, ou, au contraire, à attendre pour agir l'extrême nécessité? — 2° Est-il ou non apte à ressentir vite les motifs d'action? disposition bien distincte de la vivacité intellectuelle, car il y a des gens d'un esprit lourd et borné, qui sont très prompts à passer à l'acte. — 3° Un motif d'action étant donné, en est-il *impressionné d'une manière profonde ou superficielle*? On sait que les natures les plus promptes ne sont pas toujours les plus profondes. — 4° Enfin, le même individu est-il *tenace ou inconsistant dans l'action*, c'est-à-dire réagit-il, dans un cas donné, d'une manière durable ou fugitive? sa volonté est-elle longtemps dominée par le même motif, une fois admis? Car une impulsion pourrait être vive et même profonde, sans être durable, pareille à l'action de la chaleur dans les corps bons conducteurs.

Cette analyse est minutieuse, mais par cela même elle s'applique bien à la nature morale où, comme nous l'avons vu, rien n'est simple, tout est complexe.

Ce que les psychologues cherchent ainsi, quelques physiologistes le cherchent de leur côté dans les allures, les gestes de la nature physique, et notamment dans les habitudes de la main en matière d'écriture. A leur avis, si les caractères de la personnalité se dessinent sur le visage, dans les mouvements de la physionomie, les gestes sont tout aussi caractéristiques de l'individu, et, parmi les gestes, les mouvements de la main dans l'acte d'écrire sont certainement ceux où les habitudes se fixent de la façon la plus commode pour l'analyse.

D'une manière générale, on conçoit que l'énergie du mouvement donne naissance à des traits accentués, tandis que sa mollesse n'arrivera qu'à tracer des lignes indécises et grêles. De même des mouvements rapides devront laisser des lettres inachevées, et jeter des traits, des points, des accents, des virgules, au delà de leur place.

Les graphologues établissent que les gens mous, sans volonté, ne barrent pas leurs T; que les volontés féminines les barrent d'un trait grêle; que ceux dont la volonté éclate vivement, mais est prompte à s'épuiser, tracent des barres en forme de stylet et terminées en pointe; que les indécis ne conduisent pas leurs barres au delà du trait vertical, tandis que les opiniâtres, dont la volonté croît en allant, font des barres en massue, terminées par un renflement; enfin que les autoritaires, les despotes jettent leur barre au-dessus du trait vertical du T. — Comme l'intelligence se révèle, dans le discours, par des phrases claires que soutiennent des gestes sobres et précis, de même, pour les graphologues, l'écriture de l'individu doué d'un esprit net et lucide se caractérise par des lignes, des mots et des lettres entre lesquels circule librement la lumière, sans aucune surcharge de traits inutiles. Un homme simple et modeste se reconnaît à l'égalité en hauteur de presque tous ses traits; tandis que le charlatan, qui s'annonce au loin par des gestes à grande envergure, enfle aussi ses majuscules à les en faire éclater. — Le paraphe, suivant qu'il est compliqué ou simple, net ou indécis, redressé, onduleux ou retombant, donne lieu à des observations de même nature.

Tel est en substance l'exposé de cette science qui s'ébauche, et à laquelle M. Héricourt a consacré une étude intéressante dans la *Revue philosophique*.

Ultérieurement, l'auteur de cette étude, avec l'aide de MM. Ferrari et Richet, a procédé à une expérience bien curieuse à tous les points de vue. Ces messieurs ont hypnotisé un jeune étudiant en médecine, et successivement ont fait de lui, par suggestion : 1° un paysan madré et retors; 2° l'avare de Molière, Harpagon ; 3° un vieillard cacochyme. — Or, dans les trois phases de cette expérience, en même temps que se modifiaient les allures générales du sujet, et que tous ses gestes se mettaient en harmonie avec l'idée du personnage suggéré, on remarquait que son écriture subissait des modifications parallèles tout aussi caractéristiques, et prenait la physionomie spéciale à chacun de ses nouveaux états de conscience.

Ce nouveau mode d'exploration de la personnalité humaine est plutôt applicable, comme on peut le comprendre, à des hommes faits qu'à des enfants. Toutefois, comme il y a déjà dans l'écriture en voie de formation des tendances pouvant fournir d'utiles indications, les éducateurs, qui ne sauraient jamais disposer de trop de moyens pour s'éclairer sur la nature de ceux dont ils ont charge, feront bien de ne pas négliger non plus celui-là, aujourd'hui qu'il se présente muni de telles références.

CHAPITRE VIII.

DES APTITUDES DE LA FEMME COMPARÉES A CELLES DE L'HOMME. — LE VRAI RÔLE DE LA FEMME DANS LA FAMILLE ET LA SOCIÉTÉ.

On a fait un gros livre du mal que l'on a dit des femmes ; on en a fait un autre du bien qu'on en peut dire, et je me persuade que celui-ci est de beaucoup le plus volumineux des deux.

En nous en tenant au dix-neuvième siècle, l'homme qui a le plus médit des femmes, parmi ceux dont l'opinion compte, c'est le philosophe allemand Schopenhauer (1). C'est lui qui a fait d'elles cette satirique et piquante définition, tant de fois reproduite depuis :

Les femmes sont des êtres qui ont les cheveux longs et les idées courtes.

Mais Schopenhauer ne pouvait, paraît-il, se

(1) Schopenhauer, né en 1788, est mort en 1860.

p[illegible]ser d'un cotillon. Ce n'est qu'après la soixan-ta[illegible]e qu'il a cessé de sentir ce qu'il a appelé lui-même « l'ivresse d'Aphrodite ». Ce philosophe, quelque peu fou, pour être au moins sincère, eût dû dire avec le poète :

> Je hais le sexe en bloc et l'adore en détail.

D'ailleurs, ses passions sexagénaires ont donné si beau jeu aux femmes pour se venger de lui, même après sa mort, qu'il nous semble inutile d'insister sur ses inconséquences.

« Quels que soient les préjugés que l'on apporte dans l'étude de la femme, qu'on soit enclin à la vanter à l'excès ou à la dénigrer sans mesure, on ne saurait lui contester dans la société humaine un rôle dont l'importance capitale la place au-dessus de toute critique, de toute discussion, de toute raillerie bonne ou mauvaise, c'est le rôle de la mère. »

Pour nous, l'anonyme auteur de ces lignes a mille fois raison. Aussi est-ce surtout au point de vue de la maternité que nous nous proposons d'étudier la femme, condamnant à l'avance tout ce qui, à un degré quelconque, peut la rendre moins apte à cette mission sacrée.

Dans toutes les races, même là où elle est encore réduite à l'état de bête de somme, la femme est de taille plus petite que l'homme. A ce caractère se rattache essentiellement sa faible musculature. C'est donc une erreur de croire avec certains auteurs que la faiblessse du sexe féminin vient de ce que ses travaux sont moins rudes que les nôtres et que cette faiblesse disparaîtrait avec l'exercice.

De son tempérament et de la faiblesse de ses muscles naît chez la femme une instinctive répugnance pour les exercices violents ; de là, le besoin de s'appuyer sur un bras à même de les accomplir pour elle ; de là, en même temps, le désir instinctif de plaire. — D'un autre côté, elle marche moins facilement que l'homme, en raison de ce que la largeur de ses hanches déplace davantage à chaque pas le centre de gravité. Suivant une ingénieuse remarque de Cabanis, ce détail de conformation, peu important au premier abord, exerce cependant une grande influence sur sa destinée ; il contribue à la montrer dévolue à une existence sédentaire. Au point de vue physiologique, comme au point de vue moral, le mot de Michelet est juste : « La femme, c'est la maison ! »

A la maison, dans quelque condition que ce soit, sa destinée est d'être la compagne de l'homme et de partager en tout le sort de son compagnon. L'on a pu dire, non sans raison : « La femme s'élève à la façon du lierre, et sa hauteur se mesure à celle de l'homme auquel elle s'attache » ; mais elle s'élève bien plus encore par l'accomplissement de son rôle de mère. Là est sa mission essentielle, la seule qui satisfasse pleinement à sa nature physique et morale, la seule qui, la relevant de sa faiblesse native, fasse sa force et sa noblesse. Aussi, loin de nous étonner que la nature ait fait peser sur elle, et non sur le sexe fort, le lourd fardeau de la gestation, de la mise au monde et de l'éducation des enfants, devons-nous considérer cette loi comme une des meilleures entre toutes celles qui régissent le monde et la vie.

Mais pour la remplir honnêtement cette mission, il faut que la femme se marie en légitimes noces, et, malheureusement, devant les difficultés croissantes de la vie, les jeunes hommes hésitent de plus en plus à assumer sur eux les charges d'un ménage. Partant, les jeunes filles qui, elles aussi, ont à pourvoir à leur existence matérielle, et cela avec des moyens d'action beaucoup plus restreints que les nôtres, sont amenées à tenter certaines carrières jusqu'ici pratiquées exclusivement par nous. La vaillance, la ténacité qu'elles apportent dans cette recherche, la concurrence redoutable qu'elles pourront faire aux hommes dans diverses professions, comme, par exemple, celle de la pharmacie qui s'accorde si bien avec leurs goûts sédentaires et la délicatesse de leurs manipulations ; celle de la médecine, pour le traitement de toutes les maladies de leur sexe, en général, et les accouchements en particulier ; celle du professorat, où elles se poussent maintenant par la voie la plus haute, l'agrégation : tout cela déterminera-t-il les jeunes hommes à revenir au mariage ? Il faut le souhaiter, bien que le mariage alors ne soit plus qu'une sorte d'association d'affaires, comme M. Jules Simon le constate en ces termes peu enthousiastes :

« La femme, autrefois, n'avait pas de profession. La grande dame dirigeait sa maison, tenait son salon ; la bourgeoise l'imitait selon son pouvoir. Quand le mari était dans le petit commerce, elle était comptable ou vendeuse à côté de lui. L'ouvrière (je veux dire la femme d'ouvrier) faisait quelque ouvrage à l'aiguille pour la pratique ; mais sa besogne principale, presque unique, était de tenir en ordre la pauvre chambre, d'élever et d'instruire tant bien que mal les enfants, de préparer les repas, de faire ou d'entretenir les vêtements,

5***

La fille du peuple qui ne trouvait pas de mari, et la veuve, avaient grand'peine à vivre ; elles vivotaient sordidement et honnêtement. Nous avons fait de grands progrès qu'il faut bénir, accompagnés de grands malheurs qu'il faut déplorer. La femme n'est plus, comme autrefois, un être nécessairement dépendent et relatif. On lui a d'abord ouvert les ateliers de la grande industrie, où elle gagne presque autant que son mari ; puis elle a obtenu des places d'expéditionnaire, de comptable, de gérante ; elle est devenue employée de l'Etat dans les postes, les télégraphes ; employée de chemins de fer, des téléphones, etc. A présent, pour dernier progrès, elle aborde les professions libérales. Elle est institutrice, pharmacienne, médecin (ajoutons qu'elle est en instance pour obtenir son inscription au barreau et plaider comme avocat) ! — En revanche, elle n'est plus femme, ou ne l'est plus qu'à demi. Elle a son courant d'affaires, son carnet, son cabinet. Elle est tout au plus l'associée de son mari. »

Que les femmes soient moins femmes, c'est déjà assez regrettable ; mais ce que M. Jules Simon ne dit pas, c'est combien elles s'enlaidissent et se déforment, combien surtout elles s'exposent à la stérilité, en se livrant tout entières à des études pour lesquelles il leur faut violenter leur nature. Et cela au moment où notre pays aurait plus besoin que jamais de voir naître sur son sol des enfants sains et vigoureux ! Le danger capital créé pour notre race par ces nouvelles tendances, les médecins, les physiologistes le crient sur tous les tons. Mécontents de voir les filles d'Eve se faire les rivales des hommes, et préparer ainsi la pire guerre sociale, ils s'attachent à démontrer que la femme qui veut faire figure de savante n'y arrive jamais que d'une façon insuffisante et, le plus souvent, se met hors d'état d'accomplir sa réelle mission. Ils prouvent, par des arguments bien difficiles à rétorquer, que si un certain nombre de femmes nées dans un milieu favorable ou exceptionnellement douées, peuvent arriver à suivre les hautes études, aucune d'elles n'apportera jamais dans la sphère des sciences la faculté créatrice qui leur est si bien dévolue ailleurs. Le docteur Delaunay notamment a développé cette thèse avec une verve remarquable dans la *Revue Scientifique*. Nous résumons ci-après les principaux passages de ses articles, en y joignant nos propres observations et l'indication des objections faites par les rares partisans de la thèse contraire.

D'après M. Delaunay, tous les anthropologistes

constatent que les lobes frontaux (1), siège des facultés intellectuelles les plus élevées, sont moins développés chez la femme que chez l'homme. Au contraire, les lobes occipitaux (2), qui président surtout à la vie de sentiment, sont plus volumineux chez la femme que chez l'homme, d'où aussi la prédominance chez elle des mots sur les idées. — Huschke conclut de ces différences que la femme n'est qu'un enfant en croissance et ne dément pas plus son type enfantin par son cerveau que par les autres parties de son corps ; de même l'on constate que le rire de la femme se rapproche beaucoup de celui de l'enfant.

— Mais d'autres physiologistes s'inscrivent en faux contre les déductions tirées des faits en question. M. Pérez rappelle que, d'après M. Manouvrier, dont l'opinion comme crâniologiste n'est pas sans valeur, la différence sexuelle du poids cérébral et de la capacité crânienne ne peut être interprétée scientifiquement dans un sens défavorable au sexe féminin. Loin d'être inférieur à celui de l'homme, le poids relatif du cerveau de la femme lui serait au contraire supérieur, *par sa*

(1) Parties du cerveau situées du côté du front.

(2) Hémisphères du cerveau situés à la partie inférieure et postérieure de la tête.

proportion avec le poids du corps. De là M. Pérez croit pouvoir conclure que les mesures et les inductions de Broca et de Topinard ne sont pas définitives pour la science, et que l'infériorité intellectuelle de la femme, prétendument établie par la prédominance des mots sur les idées, n'est pas anatomiquement démontrée.

Pour nous, qui nous en tenons surtout aux faits que nous révèle une observation constante, nous croyons que si les hommes sont mieux armés par la nature pour les travaux intellectuels demandant une plus grande force, une plus puissante application de la pensée, les femmes doivent leur être supérieures dans toutes les choses d'ordre sentimental. Et l'on verra, en effet, que l'enquête faite sur cette question et dont les éléments ne seront pas demandés seulement aux physiologistes, aux savants, mais à tous les penseurs et aux femmes elles-mêmes, aboutit, en fin de compte, à cette embarrassante conclusion que si l'homme vaut plus, la femme vaut mieux.

La force musculaire mesurée au dynamomètre chez la femme de vingt-cinq à trente ans est d'un tiers au-dessous de celle de l'homme du même âge. Les mouvements sont plus précis chez l'homme que chez la femme. Parmi les pianistes des deux sexes, le mécanisme atteint un plus haut degré de perfection chez l'homme.

Nous croyons cependant qu'au sujet de la précision des mouvements, il faut distinguer entre ceux qui exigent qu'une certaine force soit jointe à l'adresse, et ceux qui demandent seulement de la délicatesse. Pour ces derniers, à notre sens, la femme l'emporte souvent sur l'homme. Quant à la musique, nous avons remarqué que si les pianistes femmes interprètent mieux certains auteurs, tels que Mendelssohn ou Chopin, les hommes font mieux comprendre Hœndel et Beethoven.

Ecoutons maintenant ce qu'une femme supérieure conclut de la faiblesse physique de son sexe. Mme de Rémusat s'exprime là-dessus nettement, sans l'ombre d'une hésitation. « Une construction physique plus délicate et plus fragile, dit-elle, un continuel besoin de secours matériel, de bien moral, nos qualités comme nos défauts, notre faiblesse comme notre force, tout indique que la solitude, qui n'est point bonne pour l'homme, serait mortelle pour la femme. Cette dépendance est un signe certain d'infériorité. »

— N'est-ce pas aussi cette faiblesse qui, avec les appréhensions qu'elle engendre, fait que la femme comme l'enfant est difficilement d'une entière franchise ? — Ainsi que l'observe finement M. Paul Foucart, s'il est vrai que les êtres faibles ont une tendance à se faire accorder par ruse ce qu'ils ne sauraient arracher par force, cette simple observation, rapprochée de la faiblesse corporelle de la femme comparée à l'homme, nous ouvre déjà une perspective sur la pente habituelle de ses pensées, sur la direction de ses sentiments, sur le vif désir qu'elle éprouve de plaire, ne pouvant directement commander.

— *Il est incontestable*, poursuit M. Delaunay, *que la femme commet proportionnellement moins de crimes contre les personnes que l'homme ; elle est aussi plus dévouée et plus charitable. Sur 60 récompenses décernées en une même année par la commission du prix Montyon, 47 ont été méritées par des femmes. — Mais l'homme en tout ce qu'il entreprend va plus loin que la femme, sa charité est plus large. Qu'il s'agisse de méditations profondes, de raison ou d'imagination ou tout simplement de l'usage des sens ou même des mains, si l'on dressait une liste des hommes les plus distingués et une autre des femmes également les plus distinguées dans la poésie, la peinture, la sculpture, la science et la philosophie, chacune ne portant qu'une douzaine de noms, ces deux listes ne sauraient supporter aucune comparaison.*

Ajoutons que, dans les arts et les lettres, les œuvres qui demandent une grande force de conception, comme, par exemple, la peinture d'histoire et la comédie de caractère, paraissent inaccessibles aux femmes. — Dans leur théâtre, où la comique, ce que les anciens appelaient si bien *vis comica*, fait complètement défaut, nous ne voyons que *La joie fait peur*, de Mme de Girardin, qui ait chance de rester au répertoire ; mais aussi cette pièce roule-t-elle tout entière sur l'amour maternel. — Dans le roman où, de nos jours, tant de femmes auteurs se produisent avec succès, pour dire franchement notre pensée, nous ne voyons que Mme de Martel (Gyp), qui ait su créer des figures typiques : celles de *Bob* et de *Loulou*, campées d'un trait si alerte et si sûr, survivront à notre époque et serviront même à la caractériser.

Ne pouvant méconnaître ce qui ressortirait de la comparaison proposée par M. Delaunay, M. Pérez se dérobe quelque peu et dit : « Je me soucie fort peu de savoir si la femme est ou n'est pas capable de mettre une élite en balance avec celle de l'homme. Elle ne fera jamais les œuvres d'un Mozart, d'un Weber ou d'un Rossini ; peut-être la géniale virtuosité d'un Chopin, d'un Paganini ou d'un Listz lui est-elle interdite : je n'en sais rien. Mais, dans le génie de l'homme, la plus belle part est à elle : elle inspire les œuvres des maîtres ; elle les fait passer dans son âme et dans sa voix pour ravir les foules ; plus modestement, mais pas moins utilement, elle les explique avec délicatesse et les traduit avec amour aux générations bercées sur ses genoux. » — Comme on le voit par ces derniers mots, il faut toujours en revenir à chercher la mère dans la femme. Le reste de la réplique est à rapprocher de ce que nous avons eu occasion de dire sur l'art théâtral, au chapitre relatif à l'esprit d'imitation.

Dans les ateliers de typographie, les femmes qu'on emploie travaillent minutieusement, mécaniquement, sans bien savoir ce qu'elles font. C'est ainsi qu'elles composent bien la réimpression, travail qui n'exige pas d'intelligence, et mal les manuscrits qu'elles comprennent moins bien que les hommes.

C'est ici une question non seulement d'intelligence, mais aussi d'instruction, de connaissance des choses dont les hommes s'occupent plus que les femmes, ne serait-ce qu'à l'aide des journaux où elles ne lisent guère que les feuilletons et les faits divers.

Dans les races inférieures, les femmes l'emportent parfois sur les hommes : ainsi dans tout le Kamt-

chatka où elles exercent une sorte de suprématie. Chez les Arabes de la haute Nubie et chez les Druses, les femmes diffèrent très peu des hommes, ce qui a lieu chez les peuples non civilisés et dans les basses classes des peuples civilisés ; d'où l'on a formulé cette loi : Les formes extérieures, dans les deux sexes, diffèrent d'autant moins que les races sont moins civilisées. Et comme la différence existant entre le poids du cerveau de l'homme et de la femme va en s'accroissant constamment à mesure qu'on s'élève dans l'échelle de la civilisation, on arrive à cette autre conclusion que les femmes modernes diffèrent plus des hommes modernes que les femmes anciennes des hommes anciens.

A cet égard, les hommes d'une même race, eux aussi, tendent à se différencier de plus en plus à mesure qu'ils se civilisent. Sans doute, le niveau moyen s'élève, mais lentement, beaucoup plus lentement que l'écart entre le hommes des degrés supérieurs et ceux des degrés inférieurs. Le docteur Le Bon, après des observations maintes fois répétées dans ses voyages, établit en fait que les couches moyennes de peuples asiatiques, Chinois, Hindous, etc., ne sont pas inférieures aux couches européennes correspondantes. « La véritable différence existant entre ces populations et nous-mêmes, c'est que les premières ne possèdent pas de ces hommes supérieurs, véritable incarnation des pouvoirs d'une race, auxquels sont dues les grandes découvertes qui élèvent chaque jour le niveau de la civilisation. De tels esprits se rencontrent de plus en plus rarement à mesure que l'on descend l'échelle des races ; on n'en trouve jamais chez les sauvages. C'est à leur nombre que se mesure le niveau d'un peuple. »

Chez nous, si nous prenons cent élèves commençant en même temps l'étude d'une science ou d'un art quelconque, nous voyons que les différences, presque nulles le premier jour, seront très marquées au bout d'un an et augmenteront d'année en année. Tel est l'avis de tous les professeurs ; ils constatent que les élèves sont plus différenciés dans les classes élevées que dans les classes élémentaires. On comprend d'ailleurs que la perfectibilité étant nulle ou presque nulle chez l'individu dont l'esprit est borné, et d'autant plus grande que l'intelligence est plus développée, l'instruction, qui accroît encore cette perfectibilité, augmentera forcément les différences intellectuelles qui séparaient primitivement un enfant borné d'un enfant intelligent. — Cela nous explique aussi comment cet enfant borné, si les parents s'en occupent beaucoup, pourra, dans les classes inférieures des écoles, obtenir des succès qu'il n'obtiendra jamais dans les classes supérieures. Il ne faut donc pas se faire illusion dans les familles sur les succès de ce genre ; il faut attendre à plus tard pour voir si réellement les enfants sont aptes aux études plus élevées. — Nous appelons sur ce point toute l'attention des parents.

On voit aussi par là que l'égalité intellectuelle rêvée par certains philosophes n'est pas près de s'accomplir. Au contraire, cette égalité, qui existait chez les races primitives et qui existe encore chez les sauvages, tend à disparaître par l'effet des progrès de la civilisation. L'instruction, sur laquelle ces philosophes comptaient pour rétablir l'égalité entre les hommes, assure définitivement la suprématie des gens intelligents. C'est une conséquence fatale des progrès, et nos rêveries de démocratie égalitaire ne sauraient prévaloir contre cette loi de la nature.

Les comparaisons qu'on peut faire dans les écoles entre les garçons et les filles se compliquent pour celles-ci d'une question d'âge et de formation, d'où ressortent encore des indications d'importance majeure.

Dans les écoles mixtes, les instituteurs ont observé que les filles, beaucoup plus précoces que les garçons, sont les premières jusqu'à l'âge de douze ans. Mais à partir de ce moment, il semble qu'elles s'arrêtent ; et comme, au contraire, les garçons continuent à progresser, ceux-ci reprennent l'avantage pour ne plus le perdre ; ils deviennent les premiers et les filles les dernières.

Serait-ce qu'elles se montrent alors moins attentives, moins assidues ? Nullement. Par nature, elles sont toujours plus régulières dans leur travail, plus soumises aux conseils, moins rebelles aux observations, trop dociles même, « affreusement dociles », dit M. Paul Desjardins, dans un spirituel article de la *Revue bleue*. Mais c'est qu'à partir de cette époque de leur existence, le développement qui se fait chez elles porte d'une façon presque exclusive sur d'autres organes, sur ceux qui font d'elles « les sources de la vie ».

C'est donc un arrêt plus ou moins marqué du développement intellectuel de la femme qui est la véritable cause de la prééminence de plus en plus grande de l'homme qui, lui, continue à se développer jusqu'à un âge avancé. On n'est donc pas fondé à expliquer cette prééminence par la différence de l'éducation. A ceux qui se montrent partisans de cette explication, on pourrait d'abord répondre avec La Bruyère :

« Pourquoi s'en prendre aux hommes de ce que les femmes ne sont pas savantes ? Par quelles lois, par quels édits, par quels rescrits, leur a-t-on défendu d'ouvrir les yeux et de lire, de retenir ce qu'elles ont lu, et d'en rendre compte ou dans leur conversation ou par leurs ouvrages ? »

Mais des faits, des preuves sont là qui répondent de la façon la plus topique.

Les musiciennes, par exemple, ne reçoivent-elles pas exactement la même instruction que les musiciens à l'école, dans les pensions, au Conservatoire ? Dès lors, comment se fait-il que, bien qu'il y ait incomparablement plus de musiciennes que de musiciens, les femmes fournissent seulement quelques bonnes exécutantes, mais pas de compositrices ?

C'est la même constatation que faisait Voltaire, quand, remontant le cours des siècles, il disait : « On a vu des femmes savantes comme il en fut de guerrières ; mais il n'y en eut jamais d'inventrices. » Et Proudhon de sa lourde main ajoute : « Elles n'ont rien inventé, pas même leur quenouille. » — Les femmes n'ont donc rien à gagner à vouloir devenir créatrices où elles ne peuvent l'être, et elles risquent, à y prétendre, d'amoindrir, d'annihiler en elles la faculté suprême de créer des inventeurs.

Ce n'est pas impunément, en effet, que « malgré Minerve » elles s'appliquent aux études supérieures, afin d'entrer en concurrence avec l'homme dans les carrières libérales. Si déjà l'entraînement nécessaire pour aborder ces carrières est nuisible au développement physique de l'homme, que ne sera-t-il pas pour les jeunes filles, dont les organes plus délicats, plus faibles, doivent cependant fournir un effort plus considérable ! Que de déviations de la taille, que de myopies, que de traces d'épuisement, quel enlaidissement général ne remarque-t-on pas déjà chez elles, et comme tout cela menace de justifier le cri d'alarme de J.-J. Weiss : « Les lycées de filles, c'est la fin d'un sexe ! »

Il est entré beaucoup d'exagération dans ce qui a été écrit sur le surmenage des jeunes garçons. Pour notre compte, nous avons dit et nous maintenons, en invoquant l'heureuse expérience faite dans les écoles de demi-temps, qu'on tient les enfants beaucoup trop longtemps sur les bancs. Mais notre conviction est que le surmenage proprement dit est chose essentiellement volontaire, n'existant et ne pouvant exister que dans les classes supérieures, alors que les jeunes gens se préparent aux examens d'où dépend leur avenir.

Plus facilement peut-être que les petits garçons,

les fillettes peuvent mener une vie plus sédentaire ; elles ont moins besoin qu'eux de se dépenser en sauts et en gambades. Mais à l'adolescence, qui pour elle commence plus tôt, leur santé, leur cerveau, tout leur organisme réclame de bien plus grands ménagements. Une jeune fille à qui ces ménagements auraient manqué, ne saurait se refaire plus tard, comme le peut un jeune homme.

Et c'est à cette période critique que, comme les garçons, pour les mêmes causes et avec toutes les circonstances aggravantes que l'on sait, elles sont amenées à se surmener, sous le coup d'appréhensions et d'émotions bien autrement vives, bien autrement nerveuses que celles qu'un lycéen ressent en pareil cas. L'ardeur dont elles font preuve alors ne saurait être méconnue. Là comme ailleurs, elles déploient souvent un courage, une constance dont peu d'hommes seraient capables s'il devait leur en coûter autant. Mais c'est justement contre les effets de cette ardeur qu'elles doivent être protégées. Quel que soit le mobile qui les pousse à ce travail à outrance, les conséquences en sont déplorables. Le docteur Jules Rochard constate que l'immobilité, le silence, le séjour prolongé dans des classes encombrées, la contention perpétuelle d'esprit, déterminent chez les jeunes filles de terribles et incurables maladies. « Si l'on s'en rapporte aux observations faites à l'étranger, dit-il, M. de Candolle a signalé, pour la Suisse, la proportion considérable de jeunes filles se destinant à l'enseignement, qui entrent dans les asiles d'aliénés ; et le comte de Shafsterbury faisait remarquer, en 1883, à la Chambre des Lords, que sur 183 personnes appartenant à l'enseignement qui avaient été admises l'année précédente dans les asiles d'Angleterre et du comté de Galles, on comptait 145 femmes pour 38 hommes (1). Cette vie de labeur forcé, à l'âge où la constitution de la femme subit une transformation complète, exerce une influence fatale sur sa vie tout entière. »

Quant à celles qui parviennent à triompher de pareilles difficultés, à quel résultat aboutissent-elles ? M. Eugène Manuel, qui préside depuis plusieurs années le jury d'examen des aspirantes aux grades de licenciée et d'agrégée, nous l'apprend dans un rapport dont voici les conclusions :

« Bon nombre de ces aspirantes ont une indécision de nature et une assurance d'emprunt ; leurs *sentiments* sont fermes, mais leurs *opinions* sont

(1) En Angleterre, c'est-à-dire au pays où la jeunesse studieuse est le moins surmenée, où l'on fait la plus large place aux exercices du corps !

un peu flottantes ; elles voyagent autour des idées plutôt qu'elles n'y abordent..... Elles savont beaucoup, exposent assez bien, *sentent avec vivacité,* imaginent peu, raisonnent confusément et rarement concluent. »

L'agrégation où elles réussissent le mieux est celle des langues étrangères, c'est-à-dire celle qui exige surtout la mémoire des mots. (*Voir le* § 14 *de ce chapitre.*)

Ajoutons que le sens critique très souvent leur fait défaut, et que pourtant ce sens n'est nulle part plus nécessaire que dans le haut enseignement. Quel que soit le professeur, mais surtout si le professeur est un homme, son autorité, sinon son influence, est sans bornes sur les jeunes filles. « Quiconque affirme n'importe quoi, dit M. Desjardins, est infaillible à leurs yeux, et le meilleur moyen de leur persuader qu'on est infaillible est d'affirmer toujours. » — Aussi la foi des femmes n'a-t-elle pas besoin de preuves. Et, comme, pour elles, le convenu devient aussitôt le convenable, leur culte des traditions s'accorde aisément avec leur soumission à tous les caprices de la mode. De même se concilient les dissemblances qu'on croit saisir entre elles. Celles qui ont la jambe bien faite et celles qui ne l'ont pas ne montent pas en voiture de la même manière ; mais si le geste diffère, le mobile est bien le même.

En résumé, devant le résultat obtenu sur ce dangereux terrain de l'enseignement, on peut apprécier de combien il s'en faut que le bénéfice compense le risque individuel et le préjudice social. Que l'on ne se récrie pas à ces mots, ils sont trop justifiés. Comme d'une part la fatigue cérébrale est de toutes les fatigues celle qui est le plus contraire à la reproduction, comme d'autre part jamais un enseignement, quel qu'il soit, ne permettra à une femme de faire ce qu'aurait fait son fils, on voit que le compte de la femme et celui de la société se soldent par une perte réelle. Notre race, où déjà la natalité générale est si faible, y perd les hommes éminents qui auraient pu naître de ces femmes, dont les plus instruites ne seront jamais que des élèves distinguées.

Dans aucune question, nous ne gardons facilement la juste mesure. L'instruction des filles était trop négligée ; vite, la voilà jetée dans l'excès contraire. Il ne faut cependant pas tant de choses pour qu'une mère puisse guider ses enfants au début de leurs études : une instruction primaire, du bon sens, un certain esprit de suite, y suffisent amplement. Le cerveau de la femme est si peu fait pour porter avec aisance le poids d'un lourd bagage scientifique, que, devant une femme savante, tenant à le faire voir, et arrivant seulement à montrer que là où elle se guinde l'air lui manque et les idées personnelles lui font complètement défaut, on se sent une irrésistible envie de crier : Vive l'ignorance ! C'est que l'ignorante peut très bien ne pas être une sotte, ni ne manquer d'esprit naturel ; certains diraient même au contraire ; tandis que la pédante, si instruite qu'elle soit, affiche sur tous ses traits, exhale par tous les pores, la pire des sottises. C'était l'avis de Molière, c'est et ce sera de plus en plus celui de nos jeunes gens, même des plus distingués ; et pour qu'on ne croie pas que ces idées-là s'inspirent de sentiments obscurantistes, montrons que c'est aussi l'avis de M. Renan :

« Plus l'homme se développe par la tête, dit-il, plus il rêve le pôle contraire, c'est-à-dire l'irrationnel, le repos dans la complète ignorance, la femme qui n'est que femme, l'être instinctif qui n'agit que par l'impulsion d'une conscience naïve,.. Le cerveau brûlé par le raisonnement a soif de simplicité, comme le désert a soif d'eau pure... La femme nous remet en communication avec l'éternelle source où Dieu se mire. La candeur d'une enfant qui ignore sa beauté et qui voit Dieu clair comme le jour est la grande révélatrice de l'idéal, de même que l'inconsciente coquetterie de la fleur est la preuve que la nature se pare en vue d'un époux. »

Sous une forme plus lyrique que la nôtre, cela revient à dire, comme nous, qu'il y a d'aimables ignorantes près desquelles on se plaît infiniment mieux que près des femmes savantes. Au chapitre de l'hérédité, nous avons vu, en effet, les plus éminents observateurs s'accorder sur ce point que les attraits intellectuels de la femme, comme moyen de séduction, sont bien inférieurs à ceux qui naissent de ses avantages physiques, de sa grâce, de sa beauté, et qu'encore la séduction qu'elle peut exercer par son intelligence dépend beaucoup moins de l'instruction acquise que des facultés naturelles, telles que la vivacité d'esprit, la finesse aimable, la pénétration, le goût. — C'est en raison même du caractère natif de leurs meilleures qualités que les femmes, au fond, diffèrent peu entre elles, et que, fussent-elles seulement pourvues d'une instruction rudimentaire, elles se montrent rarement inférieures à une grande situation, même quand elles s'y trouvent brusquement appelées.

Par une conséquence de leur prédestination au rôle suprême de mère, les femmes excellent à soigner et à guérir. Elles mettent leur âme tout entière à cette tâche pénible, qui exige toujours du dévouement et parfois de l'héroïsme. Mme de Rémusat, qui voit si juste à l'égard de son sexe, insiste sur ce point avec une chaleureuse conviction : « Les femmes sont propres aux soins physiques, dit-elle. La souffrance les touche, et, bien loin d'effrayer leur délicatesse, le triste aspect des malades éveille en elles une sollicitude secourable. A quelque excès que la mollesse et le luxe les aient énervées, jamais on n'a vu s'éteindre entièrement en elles cet instinct charitable, cette vocation de *sœur grise* qui leur est commune à toutes. » — Une autre femme distinguée, Mme de Maison-Neuve, n'est pas moins affirmative à ce sujet : « Toutes les femmes sont destinées à être garde-malades : ce sont elles qui soignent leur père, leur mère, leurs frères, leur mari, leurs enfants, leurs domestiques ; il est donc essentiel qu'elles s'entendent un peu auprès des malades pour faire exécuter avec intelligence les ordres des médecins. »

Nous irons plus loin que ces dames elles-mêmes. La carrière de la médecine est une des carrières libérales où il nous répugnerait le moins de voir entrer les femmes. Le traitement des maladies de leur sexe nous paraît devoir leur appartenir tout naturellement. Pour leur faciliter l'accès des écoles de médecine, nous voudrions même qu'aux examens préalables, l'on se bornât à leur demander du latin et du grec juste ce qu'il en faut pour connaître les étymologies de la langue médicale. En cela nous sommes conséquent avec nos restrictions sur les hautes études ; et, d'ailleurs, la modification à apporter dans ce but aux programmes, ne serait pas si exorbitante, puisque nous la voyons réclamée par des universitaires et même des médecins, au bénéfice des élèves de l'enseignement secondaire français. En effet, dans son livre sur *La réforme de l'Instruction nationale*, M. Raunié, ancien directeur du *Journal général de l'Instruction publique*, dit, à la suite de la reproduction d'un article où M. Bigot constate que ces élèves savent beaucoup de choses auxquelles bon nombre de bacheliers restent totalement étrangers : « Dans ces conditions, nous espérons bien que personne ne songera plus à leur fermer l'accès des facultés de droit et de médecine, en vertu du préjugé suranné qui impose actuellement l'étude préalable du grec et du latin, et que rien ne justifie même dans l'état actuel des choses. « A quoi nous sert, « nous dit un membre de l'Académie de médecine,

« M. Léon Lefort, cette étude qui fait perdre un « temps précieux, qui pourrait être si utilement « employé à l'étude d'une langue vivante? « Y a-t-il un seul d'entre nous qui lise Hippocrate « dans le texte, si ce n'est dans le texte français « de Littré? Quant à moi, j'avoue que lorsque « j'ai voulu, pour aider mon fils, ouvrir un dic- « tionnaire grec, ce qui ne m'était guère arrivé « depuis trente ans, je me suis aperçu que j'avais « même oublié l'ordre des lettres de l'alphabet. « Est-ce que c'est dans les auteurs grecs et latins « que nous étudions la chirurgie actuelle? Que « peut-on faire aujourd'hui en science, quand on « ne peut lire tout au moins l'anglais et l'alle- « mand? »

Si les femmes nous paraissent pouvoir exercer la médecine, à plus forte raison avons-nous lieu de penser qu'elles peuvent avec avantage tenir une pharmacie.

Notre avis serait tout autre, s'il s'agissait de leur ouvrir l'École de droit. Nous ne saurions nous faire à l'idée de la femme avocat. L'obligation de parler en public avec la véhémence, la vigueur qu'exige fréquemment la défense ou l'attaque des intérêts en cause, siérait mal à son caractère, à sa réserve naturelle et souvent même à sa pudeur.

En outre, comme le barreau donne à ses membres le droit de siéger comme juges et d'exercer ainsi une partie de l'autorité publique, nous voyons encore moins facilement la femme transformée en magistrat et rendant la justice. Le sentiment chez elle l'emporte trop sur la raison, pour que celle-ci ne soit pas toujours sacrifiée à celui-là. Comme l'a si bien dit Thomas : « Rarement les femmes sont comme la loi qui prononce sans aimer ni haïr. Leur justice soulève toujours un coin du bandeau, pour voir ceux qu'elles ont à condamner ou à absoudre. »

L'avocate jolie femme ne pourrait-elle pas aussi être tentée d'influencer les juges et les jurés par d'autres moyens que ceux tirés du droit, par une autre éloquence que celle de la parole? Nous voulons croire que non ; mais beaucoup seront plus sceptiques que nous à cet égard.

Enfin, si l'on passait outre à ces objections, si l'on admettait la femme au barreau et, par suite, aux fonctions de juge, il serait bien impossible de continuer à lui refuser le droit de vote entraînant avec lui tous les droits politiques. Les conséquences et les inconséquences alors crèvent les yeux. Dans une démocratie, il n'est pas de droits sans devoirs, et nulle autorité ne va sans responsabilité. « De quel droit, demande M. Paul Foucart, les femmes viendraient-elles, par leurs votes, troubler la paix d'un pays, sauf ensuite à charger leurs maris de la rétablir? » — Nous ne voyons aucune réponse acceptable à faire à cette question, tant que les filles ne seront pas soldats, tout comme les garçons. Les physiologistes alors auraient beau jeu, et l'on rirait bien le jour où l'on examinerait *sérieusement* le point de savoir si les femmes peuvent et doivent être admises au service militaire. Passons.

A côté des carrières auxquelles on songe trop pour les femmes, il en est auxquelles on ne songe pas assez. Parmi celles-là nous plaçons celle du commerce en première ligne, parce que nous trouvons qu'elle s'accorde mieux que tout autre avec les aptitudes, les goûts, les qualités, nous serions presque tenté d'ajouter et les défauts mêmes de la femme. Pour s'en faire une première idée, il faut voir avec quel plaisir, quel entrain, allant parfois jusqu'à la passion, les femmes courent les magasins de tout genre. Il n'est même pas besoin pour elles du prétexte d'emplettes à faire : elles vont là pour y aller, pour se faire étaler les étoffes, les meubles, les objets mis en vente, discuter les prix, et annoncer qu'elles réfléchiront. Passe-temps de désœuvrées, nous dira-t-on. Dans une certaine mesure, oui, mais passe-temps qui serait moins généralement goûté par elles, s'il ne s'accordait si bien avec tous leurs penchants, y compris les plus sérieux. Autre preuve, celle-là prise sur un terrain où il ne peut être question de désœuvrement. A la campagne, dans les ménages de petits cultivateurs, le mari, si intelligent qu'il soit, se reconnaît incapable de faire le commerce dont sa femme s'acquitte si bien, et dont souvent les bénéfices font le plus clair du revenu de la maison. C'est elle qui, se rendant au marché du bourg ou de la ville voisine, y vend tout le long de l'année le beurre, les œufs, les fruits, les légumes, les volailles, et, dans la belle saison, les fleurs de son jardinet. Nulle ne sait mieux qu'elle faire valoir ses produits et tenir tête aux marchandeuses, contre qui le mari ne saurait se défendre.

« La femme est l'âme d'une boutique », disait Mercier, dans son *Tableau de Paris,* où il trace un vif croquis des petites marchandes de son temps, achetant, transportant, échangeant, vendant, revendant tous les comestibles possibles ; ouvrant les huîtres avec promptitude et dextérité, et tenant encore de petits bureaux de distributions de sel, de tabac, de lettres, de papier timbré, de billets de loterie. Ces femmes qui ne sont pas dans l'inaction, ajoute-t-il, ont plus d'empire dans leur ménage et sont plus heureuses que les femmes d'huissiers, de procureurs, de greffiers, de commis de bureaux, etc. (1). Elles se moquent des femmes de procureurs et même de notaires, qui, voulant faire les femmes de demi-qualité, s'ennuient à mourir, et sont précisément entre la bonne compagnie qu'elles ne voient pas, et la médiocre où l'on s'amuse pleinement.

Au témoignage pittoresque de Mercier s'ajoute ce témoignage spécial des auteurs du *Dictionnaire des professions* :

« La femme est naturellement apte au commerce, elle a l'esprit vif et précis, elle s'attache aux détails ; elle a le goût, le besoin de l'ordre ; elle est plus patiente, plus persévérante, plus soumise que l'homme. On ne voit pas de commis ponctuels, de caissiers minutieusement exacts qu'elle ne puisse égaler. La justesse de vue, la pénétration sont loin de lui faire défaut. Que de commerçants doivent la prospérité de leurs affaires à ce que leur femme en partage la surveillance

(1) Aujourd'hui Mercier ne manquerait pas d'ajouter les institutrices.

et la direction ; ne voit-on pas des veuves de négociants, de banquiers, continuer et accroître la fortune de la maison dont elles restent seules chargées ? »

L'auteur anonyme d'un livre dont le titre « *Que faire de nos filles* ? » indique suffisamment l'objet, prend texte des lignes ci-dessus et trouve que, dans leur précision concise, elles en disent plus que des pages de développement. « Elles suggèrent à l'esprit de chacun nombre d'observations, maint et maint exemple de femmes qui furent les chevilles ouvrières de la maison, les facteurs les plus actifs et les plus efficaces de la prospérité de l'entreprise. Qui ne s'est dit, en entrant dans un magasin familier : Pourvu que ce soit la femme, et non pas l'homme, qui me serve ! Voilà pour la clientèle. Quant à la direction intérieure de la maison, aux relations avec les fabricants, les commis-voyageurs, les banquiers, combien de maris laissent intervertir les rôles, et, dans la jouissance de leur paresse ou la conscience de leur incapacité, abandonnent à leur femme un gouvernail qu'elles savent tenir d'une main ferme et tourner habilement parmi les écueils !

« Un avantage que nul autre, à mon point de vue, ne vaut, se trouve, pour la femme, dans la vie commerciale : son travail, loin d'être un obstacle à ses devoirs d'épouse et de mère, se confond avec eux. »

Le malheur est que la bourgeoisie croirait amoindrir ses filles en les préparant au commerce. Eh bien ! nous croyons, nous, qu'il faudra que la bourgeoisie revienne de ce sot préjugé, comme de celui qui tient ses fils à si longue distance des professions manuelles. Les temps ne sont peut-être pas loin où chacun, habit ou redingote, sera forcé de retrousser ses manches et de mettre la main à la pâte. Ne voulant pas trop insister sur les pronostics qui nous donnent à penser ainsi, nous aimons mieux faire remarquer aux jeunes filles, que c'est sur le terrain du commerce qu'elles ont plus de chances de se marier ou de subvenir seules à leurs besoins. Les commerçants, qui forment la catégorie la plus nombreuse de la classe moyenne, ne restent généralement pas garçons : une femme leur est nécessaire, et ils ne demandent qu'à en trouver une capable de prendre utilement part aux affaires de la maison. D'un autre côté, ce qui empêche beaucoup de jeunes filles de se créer elles-mêmes un établissement sous la sauvegarde de leur mère, c'est l'ignorance absolue où elles sont de quelques connaissances indispensables pour cela. Il serait donc préférable qu'elles apprissent dans les écoles à poser convenablement une règle de trois ou d'intérêts, et à tenir un livre-journal, plutôt que de la géométrie, de la physique, de la chimie dont elles ne sauront jamais que faire.

A ces connaissances, nous joindrions volontiers, comme Fénelon le voulait déjà de son temps, quelques notions de droit usuel, toujours au point de vue de la maison et au point de vue de la situation personnelle que la loi fait aux femmes : « Il serait bon, dit l'éminent prélat, qu'elles sussent quelque chose des principales règles de la justice, par exemple, la différence qu'il y a entre un testament et une donation, ce que c'est qu'un contrat, une substitution, un partage de cohéritiers, ce que c'est que communauté, biens meubles et immeubles ; si elles se marient, toutes leurs principales affaires rouleront là-dessus. » — Ce vœu de Fénelon est encore à réaliser, et Mme de Rémusat l'a vainement appuyé en ces termes : « Presque toutes les femmes du monde ignorent absolument les affaires ; elles ne s'en font aucun souci, et cependant, comme veuves, comme mères de famille, ce genre d'instruction leur serait nécessaire. On n'a point imaginé de faire à la jeune fille à qui on enseigne tant de choses, un devoir d'apprendre aussi ce qui la mettrait hors des mains d'un homme d'affaires qui peut la compromettre ou la ruiner, sans qu'elle ait les moyens de s'y opposer. »

Pour peu qu'elles y réfléchissent, les jeunes filles reconnaîtront que ceux qui pensaient ainsi pour elles avaient une idée plus juste de leurs intérêts que ceux qui aujourd'hui les poussent sur le chemin des hautes études. Le jour où elles sauront, de leurs propres mains, se créer un établissement, elles sauront du même coup, à la façon de la filleule des fées, se fabriquer un mari. Pour mieux dire, les prétendants ne leur manqueront pas.

Dans la plupart des grandes villes d'Allemagne, il existe des écoles commerciales spéciales aux jeunes filles. Les cours sont de trois ans, à l'expiration desquels un brevet est décerné. On y apprend la tenue des livres, la correspondance, etc. Ces établissements sont très prospères et donnent d'excellents résultats, aussi sommes-nous heureux d'apprendre que des écoles analogues vont être créées à Rouen, au Havre, à Nantes, à Marseille. Mieux vaut tard que jamais.

Pour terminer, nous extrairons quelques données statistiques de celles que les publications anthropologiques les plus récentes ont mises en lumière sur la répartition des sexes.

Il naît en moyenne 105 à 107 garçons contre 100 filles ; mais on remarque dans chaque pays des variations notables dans la proportion des nouveau-nés de chaque sexe suivant les années. Jusqu'ici ces fluctuations annuelles n'ont pu être rattachées à aucune cause spéciale. — Un dicton gaulois veut cependant qu'il y ait beaucoup d'enfants les années où les noisettes abondent au bois. En attendant une autre explication, on peut cueillir celle-là, étant observé d'ailleurs que les moyennes de la nature ne se localisent pas à la façon des nôtres.

D'après une statistique danoise portant sur dix années, on trouve que ce sont les jeunes mères au-dessus de vingt ans qui produisent le plus grand nombre relatif de garçons (109), tandis que ce nombre est au minimum chez les mères âgées de quarante-cinq à cinquante ans (103, 5). — Les premières années de mariage seraient toujours plus fécondes en garçons et les dernières en filles.

Un fait constant, remarqué dans tous les pays, c'est que la proportion des naissances masculines est plus forte dans les campagnes que dans les villes. Ainsi, en France, les paysans comptent 107 garçons pour 100 filles, les citadins moins de 106 et les Parisiens seulement 105.

Bertillon suppose que, d'après les relevés de Broca, les premiers-nés auraient d'autant plus de chance d'être garçons qu'ils seraient conçus plus près des débuts du mariage. Pour les enfants nés dans l'année même du mariage, le rapport en Norwège serait de 208 garçons contre 100 filles.

Les hommes qui tiennent à se faire une famille et à perpétuer leur nom, voient donc qu'ils ont tout intérêt à ne pas trop retarder leur mariage.

Il en est parmi eux qui croient cependant devoir attendre, dans la pensée qu'avec plus d'expérience, ils sauront mieux choisir, et, d'une façon générale, connaîtront mieux les femmes. Hélas ! nous pouvons leur dire qu'ils cherchent la pierre philosophale. Celui qui se vante de connaître les femmes, prouve seulement par là qu'il les comprend moins que tout autre La clé du caractère des femmes, si clé il y a, c'est le sentiment ; mais si ce trait dominant nous permet de comprendre et de concilier toutes les contradictions les plus flagrantes, il ne nous permet guère de les prévoir. Nul n'étant maître de ses sentiments, la femme ne se connaît pas elle-même. « Elle n'a nul besoin d'être perfide, pour être le sphinx et le mystère. »

Est-ce un bien, est-ce un mal ? Pour nous, là-dessus, nous dirions volontiers, avec Voltaire, qu'en fin de compte, tous les raisonnements des hommes ne valent pas un sentiment de femme, et avec M. d'Houdetot, que la femme par la céleste douceur de son regard a plus contribué à la civilisation des peuples que tous les législateurs du monde.

Voilà qui doit la consoler de ne pas légiférer sur les bancs du Palais-Bourbon.

CHAPITRE IX.

DU LANGAGE, DE LA SURDI-MUTITÉ ET DU BÉGAIEMENT. — RAPPORTS DE LA PAROLE AVEC LA PHYSIONOMIE.

L'acquisition du langage par l'enfant est un des phénomènes les plus intéressants de son existence, un de ceux qui excitent le plus l'attention des physiologistes et des psychologues. M. Taine notamment en a fait l'objet d'une étude spéciale dans son livre *De l'Intelligence.*

Ainsi que l'expose ce pénétrant observateur, la nature force l'homme, par l'instinct dont elle l'a doué, à crier quand il souffre, ou à rire quand il est joyeux, et nous voyons, en effet, que la volonté a peine à réprimer ces élans spontanés de la nature humaine. — Le cri inarticulé, poussé sans conscience et sans intention, c'est la matière du premier signe qui ne mérite ce nom que le jour où l'enfant le pousse avec une intention vague et une conscience obscure de ce qu'il signifie. Ce premier signe, le cri compris de celui qui le pousse, c'est, à son tour, la matière du premier mot.

Personne ne peut reconstruire le passé, assister même par induction à la formation du premier langage et nous raconter comment l'homme a parlé pour la première fois ; mais nous pouvons observer tous les jours comment un homme commence à parler. — L'enfant a bien plus de part qu'on ne pense au langage qu'on lui enseigne ; il en est à moitié l'inventeur, quand on croit le lui donner tout à fait. Le premier mot qu'il prononce et auquel il attache un sens n'est pas un mot de la langue maternelle qu'il tienne de sa nourrice ; c'est lui qui en fabrique la matière informe, c'est lui qui y attache un sens ; c'est un mot de sa langue à lui, et sa mère ou sa nourrice apprend de lui cette langue avant de lui enseigner la sienne. Toute mère sait que son enfant désigne telle chose par tel son, tel autre objet par telle autre articulation n'ayant aucun rapport avec le terme de la langue vulgaire. Chaque père ou mère pourrait dresser le vocabulaire enfantin de chacun des siens, et reconnaître que la langue à l'usage des enfants a changé dans sa famille autant de fois qu'elle a compté de nouveaux membres, que cette langue, inintelligible pour les étrangers, les grands l'ont reçue du plus petit, et ont commencé à la parler pour lui enseigner, grâce à elle, à parler la leur.

C'est là un fait remarquable et singulièrement instructif. Rousseau paraît l'avoir entrevu dans ce passage du *Discours sur l'origine et l'inégalité des conditions parmi les hommes* :

« L'enfant ayant tous ses besoins à expliquer et par conséquent plus de choses à dire à la mère que la mère à l'enfant, c'est lui qui doit faire les plus grands frais de l'invention, et la langue qu'il emploie doit être en grande partie son propre ouvrage. »

Le voyageur Robert Moffat a fait une observation qui confirme celle de Rousseau, chez des sauvages de l'Afrique du Sud.

« Souvent, dit-il en parlant des habitants isolés du désert, ceux qui peuvent porter un fardeau s'absentent pour plusieurs semaines en laissant les enfants à la garde de deux ou trois vieillards. Ces enfants livrés à eux-même, et dont une partie commençait à peine à parler, s'habituent à un langage à eux. Les mieux parlant se mettent à la portée des moins précoces, et ainsi de cette nouvelle Babel sort un dialecte de mots bâtards, et dans le cours d'une seule génération le caractère tout entier de la langue est changé. »

M. Renan ne peut s'empêcher de reconnaître que beaucoup defaists de cette sorte étudiés avec soin éclaireraient sans doute d'un jour nouveau les origines du langage ; « mais ce n'est point de ce côté que la plupart des savants ont cherché la lumière ».

Devant des témoignages de cette valeur, nous ne pouvons que nous étonner de voir un observateur aussi sagace que M. Pérez trouver risquée l'affirmation de M. Taine qu' « il n'y a pas un seul de ses besoins pour lequel l'enfant n'invente un ou plusieurs sons inarticulés, sans qu'aucun exemple volontaire ou involontaire lui soit proposé ». Rien ne nous paraît mieux démontré cependant, et, pour nous, cette faculté d'invention s'exerce même chez l'enfant beaucoup plus aisément que celle de l'assimilation des mots usités. Grâce à la facilité de leur imagination, jamais ils ne sont à court pour dénommer les choses qui les intéressent; souvent aussi il leur arrive d'attribuer à ces mêmes choses des dénominations ou des propriétés appartenant à d'autres objets. Ainsi, pour mon compte, il me souvient que tout jeune je croyais que le sel qu'on mettait dans le potage était pour le refroidir. On s'en aperçut le jour où j'en versai une grande cuillerée dans une soupe qui m'avait échaudé la langue.

Ce que l'enfant comprend avant le sens des mots, c'est le ton avec lequel ils sont prononcés et l'expression de physionomie dont on les accompagne. A l'âge de quelques mois, il perçoit qu'on le réprimande à l'air du visage, à l'accent de la voix. Il le comprend si bien qu'on voit son front se plisser, ses lèvres se crisper convulsivement, et que bientôt les pleurs jaillissent de ses yeux.

Cette même compréhension se constate également chez certains animaux. Le contentement ou la colère que trahit le timbre de notre voix est perçu vivement par nos bêtes domestiques, surtout par le chien. Ce compagnon de l'homme sait lire dans les yeux de son maître si celui-ci est ou non satisfait.

L'enfant de trois mois qui fait avec ses petits bras des gestes intentionnels pour demander ou repousser un objet, sachant par expérience que ces gestes sont compris, exerce déjà personnellement la faculté innée, organique, héréditaire de l'expression. Mais la part qu'il faut faire à l'imitation dans le langage est bien autrement considérable que celle de l'hérédité, soit pour l'homme, soit pour les animaux. Ainsi l'on constate que de jeunes oiseaux n'ont jamais le chant particulier à leur espèce, s'ils ne l'ont pas entendu auparavant, tandis qu'ils apprennent facilement le chant de tout autre oiseau avec lequel ils sont associés. A cet égard, Barington, savant cité par Spencer, estime que les différences naturelles de chant chez une même espèce habitant des régions diverses, peuvent être avec justesse comparées à des dialectes provinciaux, et les chants d'espèces voisines, mais distinctes, aux langages des différentes races humaines.

Cette différence dans le chant des oiseaux élevés avec d'autres d'espèce différente, a encore plus d'importance, à notre sens, que ne lui en accordent les auteurs qui la signalent. Elle permet de penser qu'un enfant d'une race étrangère à la nôtre, un petit Chinois, par exemple, élevé en France, sans avoir jamais rien connu des êtres ou des choses de son pays d'origine, pourrait ne rien garder des prédispositions morales que nous sommes peut-être trop portés à considérer comme indélébiles par le fait de l'hérédité.

D'après une récente communication faite à l'Académie, par M. Bouquet de la Grye, sur l'île de Ténériffe, il existerait dans cette île un langage sifflé, un langage sans mots, qui, à ce titre, serait une sorte d'intermédiaire entre celui des oiseaux et celui des hommes. Voici en quels termes ce savant expose un fait dont l'intérêt n'échappera à personne, et sur lequel il sera sans doute fait des investigations sérieuses :

« Les bergers de Gomera ont un langage sifflé qu'ils tiennent des Guanches ; les modulations représentent des idées et des articulations, et les sons qu'ils émettent s'entendent à des distances prodigieuses. — Le général Carlos de Riveira, commandant l'archipel, de qui je tiens ce fait et qui en avait vérifié l'exactitude, en faisant converser à distance deux Gomériens, voulut bien me remettre une note à ce sujet. J'estime avec lui qu'il serait digne des philologues d'étudier ce langage presque préhistorique, conservé sur un sommet qui a pu appartenir à l'antique Atlantide.

« Le général croyait qu'aucun voyageur n'avait encore signalé ce langage qui fera rêver les adeptes de la nouvelle musique dite descriptive. En recherchant dans les relations des chapelains de Béthencourt, j'ai vu pourtant qu'ils notent une manière de parler des Gomériens « faite avec les lèvres », parce qu'ils descendent, paraît-il, d'une peuplade dont tous les membres, prisonniers de guerre, avaient eu la langue coupée... — Ne serait-il point intéressant d'analyser la formation de ce langage, de rechercher les relations qui l'unissent au vocabulaire guanche dont bien des mots ont été conservés, et de pénétrer plus avant dans le passé de cette race que les chroniqueurs nous dépeignent comme belle, vertueuse et pleine de courage ? »

En général, on voit nettement dans le langage enfantin l'application de certaines règles que la linguistique a depuis longtemps reconnues dans la transformation des langues, et, entre autres, les modifications produites par une tendance naturelle à diminuer les efforts musculaires de la prononciation.

En vertu de cette tendance, les enfants commencent par prononcer les consonnes les plus faciles à articuler, et ils les modifient peu à peu, à mesure que leurs organes sont plus exercés ou plus puissants. Ils remplacent volontiers l'*r*, dont la prononciation est difficile, par l'*l* qui est d'une articulation commode. Beaucoup sont enclins au zézaiement.

Par un autre procédé analogue à celui des lois générales qui ont présidé au développement des langues, l'enfant forme les phrases sans l'emploi du verbe *être*, par le simple rapprochement d'un nom, d'un pronom ou d'un attribut. Il forme tautôt des verbes avec des substantifs, tantôt des substantifs avec des verbes. Les notions de temps et de mode, de nombre et de personne étant pour lui incohérentes et vagues, il emploie d'abord tous les verbes à l'infinitif, puis les met, en vertu de l'analogie et pour son usage, aux temps et aux personnes employés par ceux qui lui parlent. Au moment même où j'écris, j'entends un enfant faire une de ces confusions amusantes; à sa mère qui lui demande, en lui montrant une balle : « Est-ce la tienne ? » il répond : « Oui, c'est ma tienne. »

M. Pérez remarque que les mots que l'enfant retient le mieux sont ceux qui expriment la qualité la plus saillante ou la partie qui produit l'impression principale et dominante. « Ainsi, dit-il, une petite fille de vingt mois, devant laquelle j'ôte mon chapeau et à qui je demande : « Qu'est-ce ? » me répond : « bonnet. » C'est pour elle le nom déjà généralisé de tout couvre-chef soit féminin, soit masculin, et dont l'objet l'a bien frappée, sur le front de sa mère et sur le sien, quand elle se regarde au miroir. »

En pareil cas, les autres mots sont inutiles à l'enfant. Si on le force à les apprendre comme un perroquet, il les oublie plus facilement que ceux qui représentent quelque chose à son intelligence et qu'il a acquis de lui-même.

Numa Roumestan avoue que, quand il ne parle pas, il ne pense pas. Le côté amusant de cet aveu du méridional loquace ne doit pas nous empêcher de reconnaître qu'on ne sait bien ce qu'on voulait dire que lorsqu'on l'a dit, et qu'on n'a une idée bien nette de ce qu'on a lu ou entendu, que lorsqu'on se l'est redit clairement à soi-même. L'enfant ne peut donc avoir d'idées un peu précises qu'à partir du jour où il peut s'exprimer de façon à se faire comprendre de tous. Mais, pour le comprendre complètement, il nous faut entrer dans sa manière de percevoir les choses, où souvent la vivacité et l'inexpérience de son imagination lui font trouver d'emblée des analogies, des rapports dont nous n'aurions jamais l'idée. Aussi naturellement que l'artiste le plus impressionnable ou le plus impressionniste, comme on voudra, l'enfant trouve le mot pittoresque qui fixe la perception directe, la sensation immédiate des objets avant que cette perception ne se décompose, ne se décolore par l'analyse des sentiments de plaisir ou de peine qu'elle fait naître. Passant près d'un arbre où chante l'oiseau, il dira comme Mme de Sévigné : « C'est joli une feuille qui chante », ou mieux encore et sans étonnement aucun : « la feuille chante ». Mais la grande différence, c'est qu'en pareil cas, Mme de Sévigné, faisant emploi d'un de ces heureux raccourcis qui rassemblent, condensent deux idées en une seule, avait parfaitement conscience de ce qu'elle faisait, tandis que lui dit tout simplement ce qu'il croit être la vérité.

Autre exemple, pris dans les lignes suivantes où M. Daudet nous peint le passage d'un train express, avec une vérité si brusque et si juste, que sa peinture produit l'effet déconcertant d'une photographie instantanée, fixant ce que le regard le plus prompt peut à peine saisir :

« Déjà le train avait disparu dans un ouragan, hurlant, sifflant, avec l'éclair doré de sa machine en cuivre, toutes ses petites fenêtres qui n'en faisaient plus qu'une, et le tourbillon de poussière, d'étincelles et de feuilles folles, emportés au vent de sa course à toute vapeur. »

N'est-il pas curieux de constater, comme j'ai pu le faire, que l'aspect sous lequel ce train a été si bien vu par l'œil d'un maître artiste, est perçu de la même façon par un regard d'enfant ? Mais toujours avec cette différence essentielle que, pour l'enfant dont je parle, il n'y avait réellement qu'une seule fenêtre sur toute la longueur du train, ne faisant lui-même qu'un seul wagon, et que l'éclair jeté par le scintillement du cuivre était un véritable éclair. Aussi le plus souvent cette faculté de voir en artiste disparaît-elle quand l'enfant se rend compte de l'erreur de ses yeux. Avis aux parents qui seraient tentés de croire leurs rejetons doués d'une manière exceptionnelle, parce qu'ils auraient fait emploi d'un de ces mots qui sont des trouvailles d'auteur.

Dans un ordre d'idées analogue, quand l'enfant est arrivé à posséder un vocabulaire suffisant, non seulement pour rendre l'essentiel de ses pensées, mais pour en exprimer les nuances, il importe d'observer quels sont les mots dont il use le plus volontiers. Un éducateur intelligent, par ce mode d'observation trop peu usité, recueillera des indications précieuses sur la nature, le tempérament émotionnel, les tendances de son élève. Cette étude est semblable à celle que les critiques pratiquent sur le lexique d'une langue et sur le vocabulaire particulier de tel ou tel auteur. Blair, par exemple, constate que la langue anglaise a trente mots au moins pour indiquer toutes les variétés de la colère ; mais qu'en revanche elle est si pauvre pour l'expression des émotions douces et des sentiments délicats, qu'il serait très difficile de traduire en anglais quelques pages seulement de Marivaux. Outre le jour particulier que jette cette remarque sur le tempérament anglais, il nous semble qu'elle aide à comprendre la pruderie de langage qu'affecte l'Anglaise. Ne serait-ce pas faute d'expressions délicates permettant de faire entendre les choses d'une façon légère et, pour ainsi dire, à fleur d'oreille, que les Anglaises s'interdisent sévèrement de prononcer le nom de tant de choses où notre délicatesse ne trouve rien de *shoking* ?

La réduction du nombre des non-valeurs étant notre but essentiel, nous estimons que les merveilles réalisées par l'éducation physiologique des sourds-muets méritent une mention spéciale. Notre ami Théophile Denis, spécialement chargé du service des sourds-muets au ministère de l'Intérieur, nous fournit, à ce sujet, des notes extrêmement intéressantes sur les moyens par lesquels on arrive à rendre la parole à ces déshérités :

« Il est encore bien peu de personnes en France, dit-il, qui ne se montrent incrédules ou tout au moins fort surprises, si vous leur dites : On enseigne maintenant la parole aux sourds-muets ; ils parviennent à s'exprimer de vive voix à peu près comme vous et moi.... Avec cet enseignement, il n'y aura bientôt plus de sourds *dits* muets, il n'y aura en réalité que des sourds *dits* sourds parlants. » Et l'étonnement des gens que vous cherchez à convaincre ne fait que s'accentuer, si vous ajoutez : « Non seulement les sourds-muets apprennent à parler, ce qui ne leur suffirait pas pour converser avec les entendants ; mais encore ils *entendent* vos paroles, ils les entendent avec leurs yeux, en les saisissant dans les mouvements de vos lèvres, et ils comprennent ainsi ce que vous leur dites. »

L'enfant sourd, comme l'enfant entendant, possède intacts, sauf de très rares exceptions, les organes de la voix ; seulement il ne les met pas en mouvement, parce qu'il ne perçoit rien à imiter.

Si l'on veut faire parler un sourd, il faut, contrairement à ce qui se passe pour l'entendant, qu'on s'occupe de lui suivant des règles déterminées scientifiquement : on lui enseigne à imiter ce qu'il *voit*. En d'autres termes, les yeux du sourd deviennent ses oreilles, comme les doigts de l'aveugle deviennent ses yeux.

On provoque facilement le premier son, si l'enfant a un reste d'ouïe, ce qui est assez commun. Dans le cas contraire, vous faites intervenir le sens du toucher, en appliquant la main de l'enfant sur la partie de votre corps, gorge ou poitrine, où se font sentir les vibrations des cordes vocales. Alors, en même temps qu'il imite la position des lèvres, il imite l'effort qui produit le son. Cette explication doit satisfaire les personnes qui ne manquent jamais de dire : « Mais le sourd-muet ne sait pas qu'il émet un son, puisqu'il ne s'entend pas. » Non, il n'entend pas le son, il le sent.

Dans une de ses chroniques de la *République française*, M. F. Sarcey, parlant du mutisme simulé par certains conscrits ou certains criminels, explique comment un professeur qui vit avec de vrais sourds-muets n'aura aucune peine à distinguer un faux sourd-muet et à le convaincre.

Ainsi le véritable sourd-muet regarde attentivement son interlocuteur ; il ne laisse pas échapper un geste ou un mouvement de ses lèvres ; le faux sourd, lui, croit presque toujours très habile de baisser les yeux, en homme que rien n'intéresse de ce qui se passe au dehors, à moins que ce ne soit parce qu'il n'ose pas regarder en face, de peur de se trahir.

Cette première épreuve n'est pas fort concluante, car enfin il peut se faire qu'un vrai sourd-muet soit, lui aussi, indifférent au spectacle des choses extérieures. En voici une autre à laquelle il ne pourra guère se dérober.

Il y a des bruits que le sourd-muet entend. Ainsi

il perçoit, par l'épigastre, des bruits intenses, comme est celui du tambour ; il perçoit encore, par une sensation diffuse de tout le corps, les ébranlements communiqués au plancher par des appels de pied ou par la chute de corps lourds.

Le faux sourd croira faire merveille, si on bat du tambour dans la chambre voisine, de ne pas paraître l'entendre, et on lui dira : « Ah ! vous n'entendez pas ? C'est alors que vous n'êtes pas ce que vous prétendez être ; car si vous étiez véritablement sourd, vous entendriez. Vous dites ne pas entendre : donc il est faux que vous soyez sourd. » Ce raisonnement a l'air biscornu au premier abord ; mais il est irréfragable, et n'est-il pas bien amusant de prouver à un faux sourd qu'il n'est point sourd puisqu'il n'entend pas ?

Jamais un sourd ne fait de fautes d'orthographe, et si on y réfléchit, on trouve que rien n'est plus naturel. En effet, les gens qui ne savent pas l'orthographe, écrivent les mots comme ils les ont entendu prononcer. Mais le sourd-muet, lui, ou ne connaît pas le mot, et alors il ne s'en sort pas, ou, s'il le connaît, il ne peut l'avoir appris que sous sa forme orthographique pure. — Il y a aussi chez lui une tendance invincible à éviter les termes abstraits et les mots génériques. Ainsi un vrai sourd-muet n'écrira jamais : « Je n'ai pas de moyen d'existence » ; il dira qu'il n'a plus de pain, ou qu'il n'a pas d'argent pour acheter du pain, qu'il ne trouve pas où occuper ses bras... Des moyens d'existence, cela n'existe pas pour lui ; c'est de l'abstraction.

Si on constate que la perte d'un membre influe sur le cerveau, on voit que la privation d'un sens a encore plus d'influence. Sans l'abstraction, il n'y aurait pas de pensée proprement dite, ni de science ; toute connaissance se bornerait à l'intuition des faits et des objets individuels ; aucun rapport ne serait connu. Toutefois, M. Sarcey va trop loin quand il refuse complètement au sourd-muet la faculté d'abstraire. M. Théophile Denis en cite plusieurs qui ont pu recevoir une instruction complète, un entre autres qui, après avoir subi avec succès les épreuves du baccalauréat ès sciences, est actuellement un élève distingué de l'École centrale des arts et manufactures. Mais ce sont là des cas exceptionnels, et on peut retenir de l'observation ci-dessus que les sourd-muets acquièrent plus difficilement que nous la notion des choses abstraites. On voit en même temps combien il est d'intérêt majeur d'exercer également toutes nos facultés, de développer tous nos organes. A cet égard, nous sommes convaincu d'un fait sur lequel nous insisterons, c'est que si nous nous préoccupions davantage de rendre nos mains adroites aux choses professionnelles, cette adresse profiterait à notre intelligence, et beaucoup plus qu'on ne pourrait le croire.

Poursuivant ses explications, M. Théophile Denis nous montre que, s'il est difficile aux entendants-parlants de suivre la parole aux mouvements des lèvres, il n'en est pas de même pour les sourds, qui, n'entendant ni les sons de la parole qui leur est adressée, ni les bruits du dehors, portent naturellement toute leur attention sur le jeu de la physionomie, et en particulier sur les mouvements de la bouche de ceux qui parlent. De Gérando avait fait la même observation : « Le regard du sourd jouit d'une pénétration singulière : si son attention est fixée par quelque intérêt puissant, il démêle les moindres détails dans les formes visibles, avec une rapidité dont nous serions incapables. C'est ainsi que des personnes, atteintes de surdité pendant le cours de leur vie, pressées du besoin de conserver les relations sociales, sont parvenues d'elles-mêmes à comprendre encore, par le seul mouvement des lèvres, les discours prononcés en leur présence. — Certaines vont encore plus loin. La fille de M. Goddy, pasteur de Saint-Gervais à Genève, devenue sourde-muette à l'âge de deux ans, avait une sœur avec laquelle elle conversait plus aisément qu'avec personne, même *durant l'obscurité* : il lui suffisait alors de mettre sa main sur les lèvres de sa sœur, pour savoir ce qu'elle lui disait et pour pouvoir y répondre. C'était la lecture par le *toucher* et non plus par la *vue* ; mais par ce fait vraiment extraordinaire, car ici la compréhension n'était plus aidée par l'expression de la physionomie, on voit ce que peut la volonté humaine ; il n'est pas d'obstacle dont il semble qu'elle n'arrive à triompher avec les plus faibles ressources.

C'est grâce également au toucher qu'on arrive à faire parler les sourds-muets-aveugles. Notre ami nous cite l'exemple d'une jeune fille de dix-sept ans qu'il vit à l'institution de Larnay, près Poitiers :

« Sourde-muette-aveugle ! si l'on arrête une minute sa pensée sur ces trois mots, on éprouve presque un sentiment d'effroi. Mais alors, se dit-on, cette malheureuse est condamnée forcément à n'être qu'une masse de chair sans vie intellectuelle ? Privée de toute communication avec le monde, jetée, pour ainsi dire, au fond d'un abîme ténébreux, elle n'est plus qu'une brute d'un ordre inférieur ?... Et elle causait ! Et sa physionomie était agréablement éclairée d'un sourire de satisfaction. On venait de lui *dire* qu'un étranger ami était auprès d'elle.

« Comment lui avait-on transmis cette nouvelle ? On s'était emparé de ses deux mains et on les avait agitées avec les mouvements combinés du langage des signes. Elle n'entendait pas la parole, elle ne la voyait pas, elle la *sentait*. C'était le langage du toucher. On abandonna ses mains et elle répondit aussitôt ; on les lui reprenait pour continuer la conversation, et toujours elle les retirait, prenant un vif plaisir à bavarder. Sa famille est à Paris ; je lui fis demander si elle voulait y venir avec moi.

« Oh ! oui, répondit-elle avec une joyeuse expression, pour *voir* ma mère ; mais je reviendrais ensuite ? » C'était son inquiétude de ne plus retrouver le milieu indispensable à sa vie.

«... Du reste, les exemples de ces cruelles infirmités ne sont pas aussi rares qu'on pourrait le croire. J'en ai noté trois autres depuis le cas indiqué plus haut. J'ai rencontré un sourd-muet-aveugle, déjà d'un certain âge, à l'institution de Saint-Médard-lez-Soissons. Il passe sa vie à tricoter. En voyant sa figure joviale et son air de parfait contentement aussitôt qu'on le provoque à converser, on ne songe plus à le plaindre. Chacun peut communiquer avec lui en traçant du bout du doigt, dans la paume de sa main ou sur son dos, les caractères de l'alphabet. Il a la passion des nouvelles locales, et il parvient toujours à satisfaire sa curiosité en se faisant raconter les petits événements de la ville. J'ai gardé également le souvenir d'une sourde-muette-aveugle dont on a fait une aide-cuisinière d'une étonnante habileté. C'est également par les signes et le toucher que l'on communique avec elle. Elle est vive, joyeuse, intelligente, et exécute avec une adresse admirable les menus travaux de son emploi ; je ne pense pas qu'on puisse éplucher les légumes avec plus de promptitude et de propreté. Je l'ai vue courir lestement vers la cave, en descendre et remonter l'escalier à plusieurs reprises, sans hésiter, sans tâtonner, et rapporter tout ce qu'on lui demandait, bien qu'on exagérât à dessein les difficultés de cette expérience. Cette malheureuse, maintenant si contente de son sort, a été recueillie sur la route. D'où venait-elle ? On ne sait. Elle ne connaît pas son âge. Si on le lui demande, sa réponse flotte entre 25 et 30 ans. — L'institution de la rue Royale, à Lille, fait également l'instruction d'une sourde-muette-aveugle, qui exécute tous les tricots possibles, avec un talent remarquable. Je l'ai trouvée, elle aussi, *fort gaie* et *très heureuse* de son destin. »

Comme on le voit, un des grands étonnements de M. Th. Denis est que ces aveugles-sourds-muets ne soient pas tristes et même soient *fort gais.* Cependant, en y réfléchissant, le fait qui provoque sa surprise se prête à une explication d'ordre général. On peut soutenir qu'on ne souffre, d'une souffrance morale, que par souvenir et par comparaison. Il ne nous paraît pas douteux qu'en nous ôtant la mémoire, on ne puisse nous enlever, sinon la sensation de la douleur, du moins le plus clair de la conscience douloureuse. L'oiseau habitué à voler à tire d'ailes et qui, tout à coup, se sent emprisonné dans une cage étroite, peut, sous l'impulsion du souvenir gardé de sa liberté perdue, aller jusqu'à se briser la tête contre les barreaux de sa cage. Mais l'oiseau élevé en volière s'y trouve très bien ; et si, par aventure, il vient à en sortir, cherche bientôt à y rentrer. On voit combien nous sommes exposés à nous tromper en jugeant les sentiments d'autrui par les nôtres, surtout quand il s'agit d'êtres élevés dans des conditions absolument dissemblables.

Diderot dit, dans ses *Lettres sur les sourds et muets* : « Remarquez en passant combien le langage du geste est métaphorique. » Il n'a donné aucun développement à cette idée ; mais

Gratiolet s'est attaché à en démontrer la justesse.

« Oui, dit-il, dans sa belle conférence sur la physionomie, le geste de l'homme est plein de métaphores, et instinctivement les animaux en font aussi quelques-unes. Ces métaphores s'engendrent naturellement, et j'ajouterai ici une remarque importante, c'est que ces métaphores spontanées du geste sont traduites instinctivement chez l'homme dans les métaphores similaires du langage. »

Examinez avec attention un philosophe, un mathématicien, un poète, qui, tout en se promenant, poursuit dans sa pensée quelque trace lumineuse et s'élève de degrés en degrés à des vérités, à des conceptions sublimes... Si le mouvement des idées est rapide, notre promeneur marche plus vite ; s'il devient plus vif encore, la marche s'accélère ; mais si tout à coup quelque obstacle, quelque difficulté suspend ce mouvement de la pensée, le corps s'arrête, pour reprendre sa marche à l'image de la pensée, aussitôt que l'obstacle a été vaincu : aussi dites-vous naturellement qu'un raisonnement marche, ou qu'il ne marche pas.

On écoute un homme, et quand on l'a compris, on dit naturellement : J'entends cela. Dans le cas contraire, tous les mouvements caractéristiques d'une audition pénible se produisent, et l'on affirme qu'on n'entend point. Si une description vous paraît claire, vous dites pareillement : Je *vois* cela. Si elle est obscure, vous dites ne la voir que difficilement, et vos yeux offrent alors toutes les attitudes d'une vision inquiète et difficile. Avez-vous l'instinct d'une solution, vous dites très bien : Je sens cela. Je n'ai pas besoin de rappeler les gestes de ceux qui cherchent pour ainsi dire leur route à l'aveugle, au milieu de raisonnements et de souvenirs confus ; leurs yeux se ferment, ils relèvent la tête, et les doigts, étendus et agités d'un mouvement léger, semblent chercher à toucher. C'est ainsi que J.-B. Rousseau fait dire à une vieille incrédule :

> *....Oui, je voudrais connaître,*
> *Toucher au doigt, sentir la vérité.*

Toucher au doigt ! Mais ne dites-vous pas tous les jours une vérité tangible, une vérité palpable ?

Si quelque proposition vous charme, vous dites la goûter ; vous la rejetez au contraire des yeux, du nez, de la bouche, des épaules et de la main, si elle vous est importune... Les jugements que nous portons sur les choses d'art et de style sont accompagnés par des mouvements analogues... N'est-ce pas une preuve entre mille que les métaphores du geste sont parallèles aux métaphores du langage ?

Des expressions du même ordre se produisent dans l'ordre moral et dans l'ordre social ; d'un homme qui plaît dans le monde, on dit métaphoriquement qu'il est goûté. La bienveillance n'a pas une autre forme : l'œil doucement dirigé, les narines exécutant de petits mouvements d'olfaction satisfaite, la bouche exprimant par un sourire l'éveil d'une vie plus heureuse, les lèvres agitées par de petits mouvements de dégustation agréable, les mains toujours prêtes à recevoir, à serrer doucement, à caresser, et enfin, le baiser, cette caresse des lèvres qui semble attirer symboliquement l'âme de l'être aimé. Toutes ces expressions ne sont-elles pas simples, intelligibles ? en est-il de plus claires ? ne voit-on pas que, dans cette harmonie vivante de toute notre matière avec notre esprit, tous les organes racontent, chacun à sa manière, le sentiment dont l'âme est pénétrée ?

« La joie, qui se mêle facilement à la bienveillance, est l'expression d'une vie complètement épanouie ; le sang, circulant plus aisément, colore les joues ; la respiration, plus active, s'accélère jusqu'à devenir convulsive, éclatante, et prend le nom de rire ; mais cette convulsion, loin de nuire aux actions respiratoires, les favorise, et mon spirituel maître, Etienne Pariset, pouvait la définir : une promenade joyeuse à l'intérieur de soi-même. Le corps tout entier s'associe à ces mouvements : un besoin indicible de marcher, de courir, de sauter, de tourner sur soi-même, agite alors les jeunes enfants ; toutes ces expressions disent clairement combien la vie leur est facile et douce, combien ils sont heureux d'en célébrer la fête.

Les expressions de la joie, mêlées à celle de la bienveillance, composent la physionomie de ce contentement aimable des bons cœurs, qui voudraient associer à leur bonheur tout ce qui les entoure.

Parmi les animaux, les chiens seuls sont capables d'exprimer avec une évidente clarté l'amour et la bienveillance. Ils lèchent en agitant la queue ceux qu'ils aiment (1), ils les contemplent de leurs yeux ardemment fixés, ils aboient pour solliciter le

(1) C'est là une expression analogue au baiser de l'homme ; mais le baiser est un mouvement de la bouche considérée comme organe respiratoire. Le chien lèche ; et cette forme, empruntée à la bouche en tant qu'elle est un organe de la vie nutritive, est évidemment inférieure.

regard ; ils éveillent par de petits coups de patte l'attention de ceux qu'ils aiment : rien n'est plus éloquent. »

Cette explication de Gratiolet est certes éloquente aussi et des plus lumineuses ; grâce à elle, nous n'avons pas à regretter que Diderot, d'habitude plus abondant, ait été si concis dans le passage de ses lettres sur les sourds et muets.

Parmi les défauts de la parole ou du langage, il en est un qui, bien moins grave que la mutité, est cependant des plus incommodes et prête souvent au ridicule : c'est le bégaiement.

On bégaie ordinairement moins dans la lecture que dans la conversation, moins sur les voyelles que sur les consonnes ; beaucoup moins au milieu des mots qu'au commencement. C'est également la règle de voir le bégaiement disparaître dans le chant. Ce fait seul suffit pour permettre d'affirmer que le bégaiement n'est pas dû à une lésion organique quelconque, une lésion anatomique ne pouvant exister dans la parole ordinaire et disparaître dans la parole chantée.

Toutes les émotions peuvent occasionner le bégaiement, de nombreux exemples le prouvent. Mais il est des personnes qui ont toujours bégayé, sans qu'on ait jamais pu savoir pourquoi. Il en est d'autres, en très grand nombre, qui ont appris à bégayer par imitation. Aussi ne saurait-on surveiller avec trop de soin le développement de la faculté du langage chez les enfants. Car, chose digne de remarque, on ne devient bègue que dans la première enfance, en général de 3 à 6 ans ; quelquefois cependant un peu plus tard ; mais très rarement après l'âge de la puberté. En effet, toutes les impressions vives ont un retentissement considérable sur le cerveau. La délicatesse des rapports entre l'appareil vocal et l'organe pensant fait que dans toutes les circonstances critiques la parole donne immédiatement le signal de la détresse nerveuse. Lorsqu'un jeune cerveau est surpris par un événement inattendu, il en garde une impression d'autant plus considérable que l'enfant est plus sensible.

Par suite, il semblerait qu'il doit y avoir plus de petites filles bègues que de petits garçons ; c'est le contraire qui arrive. Le bégaiement est beaucoup plus fréquent dans le sexe masculin que dans le sexe féminin, et cela dans la proportion de 1 à 10. Cette différence tient probablement en partie à ce qu'aux âges d'apparition du bégaiement, le développement de la parole est beaucoup plus avancé, plus complet, chez la petite fille que chez le petit garçon. Au contraire, les vices de prononciation tels que la blésité, le zézaiement, etc., sont rares chez les hommes et très fréquents chez les femmes qui ont une tendance marquée à adoucir les syllabes fortes.

Le bégaiement étant le résultat de troubles respiratoires plus ou moins accentués, se guérit au moyen de certains exercices gymnastiques des organes vocaux. Le traitement du docteur Chervin est rapide et s'applique en trois semaines. — Sans entrer ici dans les développements réservés aux ouvrages spéciaux, nous pouvons dire que la première semaine est consacrée à l'étude des éléments de la parole et à l'exercice méthodique de la respiration. Pendant cette première semaine, un silence complet, absolu, est imposé aux patients dans l'intervalle des exercices. En leur laissant la liberté de parler à leur guise, on s'exposerait, en effet, à les voir oublier d'un côté ce qu'ils auraient appris d'un autre.

Pendant la seconde semaine, ils doivent s'astreindre à parler très lentement et en mettant en pratique les observations qui leur ont été faites sur la respiration, sur les mouvements réguliers de la langue et des lèvres, sur la syllabation naturelle, etc., etc. Déjà les grimaces, les spasmes, les hésitations, les répétitions les plus accusées ont cessé de la façon la plus étonnante.

La troisième semaine est employée à consolider l'habitude nouvelle qu'a prise le sujet de parler avec précaution et méthode, et à perfectionner sa diction en la débarrassant de tout ce qu'elle pourrait avoir de choquant. — Le docteur Chervin justifie de résultats remarquables.

Une dernière conclusion morale est à tirer de ce chapitre. Nous avons vu que le bégaiement se contracte par imitation. De même la vue d'un homme qui se gratte éveille une démangeaison, et le fait de voir ou d'entendre bâiller sollicite au bâillement d'une manière irrésistible. Pour mieux dire, tous les tics, suivant qu'ils sont plus ou moins apparents, sont plus ou moins contagieux. Cette observation, utile à mettre en lumière, s'ajoute à toutes celles sur lesquelles nous nous sommes précédemment appuyé, pour prouver avec quelle force l'esprit d'imitation influe sur nos habitudes. S'il est impossible, comme tout le prouve, d'être saisi d'une idée vive sans que le corps se mette à l'unisson de l'idée, on concevra aisément comment la vue habituelle de certains hommes pousse nécessairement à reproduire leurs attitudes et leurs gestes.

« Ces remarques, dit Gratiolet, après avoir cité un grand nombre de faits analogues, permettent de jeter beaucoup de jour sur cette belle théorie d'éducation fondée sur la puissance de l'exemple. De même que la vue du grand monde porte aux belles manières, de même la fréquentation des hommes de bien, des hommes de probité et de courage, conduit bien mieux que des préceptes les jeunes gens à la vertu. Que de choses cachées sous ces simples observations ! »

CHAPITRE X.

DE L'ÉDUCATION DU CARACTÈRE. — LE SENS MORAL ET LE SENS DU BEAU. — LES QUALITÉS VIRILES. — L'INSTRUCTION MANUELLE.

Dans notre introduction, nous avons posé en principe qu'un solide caractère vaut mieux qu'un brillant esprit, aussi bien pour les peuples que pour les individus. Mais les préfaces étant faites pour n'être pas lues, nous n'hésitons pas à reproduire ici le témoignage que M. G. Le Bon apporte à l'appui de cette vérité d'expérience : « Lorsqu'on examine les conditions qui déterminent le succès des individus ou des peuples dans le monde, on est frappé de voir combien la valeur intellectuelle joue un rôle effacé. La volonté, la ténacité et diverses qualités de caractère ont une puissance bien autre. Entre deux individus ou deux peuples, l'un d'intelligence ordinaire, mais possédant beaucoup de courage, de volonté, de patience, prêt à sacrifier sa vie pour faire triompher un idéal quelconque, et l'autre, d'intelligence supérieure, mais ne possédant pas les aptitudes que je viens de mentionner, le pronostic n'est pas douteux. Ce sera vraisemblablement le moins intelligent qui l'emportera. A n'envisager l'intelligence que comme élément de succès, on pourrait dire que toutes les fois qu'elle dépasse un certain niveau moyen, elle est plus nuisible qu'utile. »

Si les caractères dépendaient seulement de l'organisation physique, l'éducation serait impuissante à les modifier. De même, s'ils dépendaient exclusivement des aptitudes, des tendances primitives des races et des influences du milieu, on ne pourrait s'expliquer les différences, les oppositions si marquées qui existent, par exemple, entre les Romains de nos jours et ceux d'avant les Césars. Ainsi que le caractère des nations se modifie avec les lois qui les régissent, celui des individus change du tout au tout avec les positions qu'ils occupent, par cette raison bien simple que tout changement de position entraîne un changement d'habitudes, et que les habitudes nous font une seconde nature.

Dire qu'un homme ne peut changer de caractère, c'est dire qu'il ne peut contracter de nouvelles habitudes. Or nous avons vu que l'on fait naître l'habitude par la répétition des mêmes actes; le fait est consacré par cette expression si caractéristique : se *créer* des habitudes.

Voltaire conteste cependant qu'on puisse changer son caractère. Si on le pouvait, dit-il, on s'en donnerait un, on serait le maître de sa nature. Et Kant, esprit moins universel, mais penseur plus profond, lui répond qu'on le peut, qu'on le doit et qu'on est dans une certaine limite le maître de sa nature. En effet, ce qui constitue à proprement parler le caractère, ce n'est pas seulement ce que l'homme fait de l'homme par l'instruction et l'exemple, c'est surtout ce que l'homme fait de lui-même. Changer et se changer étant la vie même, la vie des êtres intelligents, l'homme n'a véritablement un caractère qu'après s'être élevé au-dessus de tout fatalisme, de tout préjugé. — Comme l'a si bien dit M. Armand Hayem : la personnalité, c'est la résistance aux milieux.

Avant que nous puissions agir sur nous-même, nos parents, ceux qui nous élèvent sont là pour préparer le terrain sur lequel notre conscience est appelée à se mouvoir le jour où elle s'éveille. — D'après ce que nous savons des différences qui caractérisent la nature physique et la nature morale de l'homme et de la femme, nous pouvons nous rendre compte du rôle dévolu à chacun d'eux près du berceau de l'enfant. « Dans l'éducation de la première enfance, dit M. Bernard Pérez, le rôle prépondérant appartient à la femme. » Mais, reconnaissant que malheureusement la mère, trop tendre, et surtout inconsciente des conséquences de sa faiblesse, est trop encline à gâter l'être qui lui doit le jour, ce sagace observateur se hâte d'ajouter :

« Le rôle du père, même à côté du berceau, ne doit pas être un rôle d'effacement. La paternité et la maternité développent dans chacun des parents des qualités supérieures qui se doivent mutuellement aider et consoler. La raison ferme et modératrice de l'un est aussi nécessaire que la tendresse patiente et inspiratrice de l'autre. Peu de mères, osons le dire, sauraient accomplir leur mission toutes seules. Admirables pour deviner les plus obscures impulsions du jeune être, et lui parler le langage qu'il aime, elles n'ont pas toujours la force de limiter, ni chez elles ni chez lui, la sphère propice du sentiment. Elles ne savent pas tempérer leurs caresses et leurs manifestations émotionnelles, ni les distribuer toujours à propos. Elles sont plus portées à amuser et à consoler l'enfant qu'à lui apprendre la patience et le courage. Elles ne songent qu'à la tranquillité du présent et ne se préoccupent pas assez d'assurer celle de l'avenir, qui est toute dans la docilité actuelle et la moralité relative de l'enfant. C'est moins l'excès de familiarité qu'il faut craindre, surtout dans le premier âge, que la faiblesse et les inconséquences de la tendresse. L'enfant doit sentir auprès de lui une force qui le domine et en même temps une douceur qui le protège : il doit être enveloppé, mais pas accablé de tendresse. »

Daniel Stern, pseudonyme d'une femme à l'esprit viril, résume d'un trait précis la différence qu'on sent. exister entre l'amour paternel et l'amour maternel :

« Le père aime dans ses enfants les desseins qu'il forme pour eux et par eux. La mère, moins portée aux abstractions, chérit tout simplement leurs caresses. Chacun ainsi reste fidèle à sa vocation. L'homme prépare au dehors l'incertain avenir; la femme retient ou ramène au foyer par le doux attrait de sa tendresse toujours présente. »

L'amour maternel d'ordinaire porte aussi un épais bandeau. Il ne faut donc pas s'étonner si une mère ne voit pas les défauts de son enfant. D'un autre côté, comme tous les enfants sont naturellement égoïstes, il n'est pas non plus étonnant que leur égoïsme arrive à prendre d'énormes proportions, quand on lui laisse le champ libre. Toutes les gâteries les plus extraordinaires leur paraissent alors choses dues; pour mieux dire, ils ne se doutent même pas que ce sont des gâteries. L'empire exorbitant qu'ils prennent à la maison produit bientôt sur eux l'effet que l'autorité sans contrôle produit sur tous les hommes, et l'on sait qu'aucune condition ne développe l'égoïsme avec plus d'énergie que le pouvoir absolu.

L'avertissement suivant, déduit de cette observation générale, est le seul, à notre sens, qu'on puisse efficacement donner à une mère trop faible, pour l'amener à comprendre le danger de sa faiblesse. Que toutes celles qui, au lieu d'élever leurs enfants dans le beau sens du mot, les traitent en fétiches et se prosternent devant eux, sachent bien que leur adoration tournera contre elles-mêmes, que ces êtres adulés les aimeront d'autant moins qu'elles les auront gâtés, adorés davantage, surtout si ce sont des garçons. Les fillettes, en raison de leur nature plus réservée, plus délicate, sont peut-être moins tentées d'abuser de la licence de tout faire; elles sont en quelque sorte protégées contre les effets du mal par leur faiblesse native. Cependant, à voir ce que les flatteries font des femmes coquettes, à voir la sécheresse de cœur de ces créatures qui ne savent même plus être mères, on sent que le plus sûr encore est de ne pas se fier à cette garantie. Ce qui est incontestable, c'est que nous ne faisons nul cas des choses qui nous viennent trop facilement et en surabondance ; au contraire, celles que nous avons désirées et qu'il nous a fallu conquérir, nous sont d'autant plus précieuses qu'elles nous ont coûté plus d'efforts. Si donc vous voulez que vos enfants vous rendent affection pour affection, ne leur prodiguez pas vos caresses hors de propos, faites de vos baisers une récompense, afin qu'ils s'attachent à les mériter.

On se trompe complètement, quand on s'imagine qu'il vient un moment où, tout naturellement et par la force inévitable des choses, le sens moral doit s'éveiller chez l'enfant. Si le sens commun est rare, le sens moral l'est plus encore ; il est bon nombre de gens chez qui il ne s'éveille jamais. A ceux-là, ce qui leur en tient lieu, ce sont les bonnes habitudes prises, le respect des convenances sociales et des usages établis. Parmi ces usages, il en est plus d'un que notre descendance jugera détestables, mais il faudra d'abord que quelques rares esprits les dénoncent comme tels ; le reste, le *vulgum pecus*, ne s'en douterait jamais. Nous avons eu l'occasion de montrer à propos des sauvages, et même par des souvenirs personnels, que les choses auxquelles nous avons été habitués dès nos premiers ans et dont nous avons toujours entendu faire cas dans notre entourage, nous paraissent longtemps les plus belles et les meilleures du monde. La perte de nos illusions sur leur compte ne va pas sans un certain regret, un certain dépit contre nous-même. Ainsi en est-il des habitudes, des traditions familiales ou nationales qui constituent le plus clair de la moralité des peuples. Aux yeux de l'enfant, le bien c'est uniquement ce qui lui a toujours été permis ou commandé, et le mal, ce qu'on lui défend. Toute sa moralité, comme celle d'Adam et Eve dans l'Eden, se réduit donc au sentiment de l'obligation où il est d'obéir, sous peine d'être puni. Pour atteindre l'essence des choses et se guider sur un idéal supéreur à ce qui est, il lui faudrait une pénétration, un sens critique dont trop peu d'hommes sont doués. Donc nous interprétons mal ses sentiments quand, le voyant indécis sur ce qu'il convient de faire, nous le croyons troublé par la voix de la conscience. Son indécision naît seulement de ce qu'il est déconcerté par une dérogation aux habitudes qui lui ont été inculquées, aux usages qu'on lui fait suivre. Aussi, comme on l'a remarqué avec justesse, dans les cas nouveaux, lorsque l'habitude n'est pas là pour les diriger, les enfants trahissent-ils fréquemment, surtout devant des étrangers, une incertitude très caractéristique.

Dès qu'il obéit pour être récompensé, loué ou pour faire plaisir, l'enfant commence à entrer en possession du sens moral. Dans ce qui n'était encore la veille qu'un petit animal plus intelligent que les autres, apparaît cette chose extraordinaire qui n'a pas d'analogue dans l'univers entier : une conscience. Une petite fille de cinq ans, la fille du physiologiste italien L. Ferri, disait à sa maman, pour le plus grand ébahissement de son père assistant ainsi à l'éveil de l'idée du devoir : « Demain, je voudrais bien te rendre encore plus contente. Je voudrais toujours être bonne. Mais dis-moi pourquoi ne puis-je pas toujours être bonne ? »

Voilà bien le sentiment de la lutte morale résultant d'un retour sur soi ! Comment expliquer cette révélation d'un monde supérieur qui obéit à une loi invisible, le monde de l'idéale obligation, de la justice et de la charité ? Darwin, pour qui l'esprit de l'homme, malgré sa supériorité, ne diffère pas essentiellement de l'intelligence de l'animal, ne dissimule pas que son hypothèse se heurte là à une plus grosse difficulté que celle que sa théorie de l'évolution rencontre dans les faits d'atavisme, tels que nous les avons exposés à propos de l'hérédité. Le grand naturaliste s'en remet à ses successeurs pour montrer, par une étude rigoureuse et complète, comment de la sensibilité de l'animal a pu sortir le germe de la moralité humaine.

Par malheur, l'apparition de la conscience semble défier les procédés d'observation de la psychologie et lui interdire toute conclusion générale. L'éducation des sens suit bien d'ordinaire une marche à peu près uniforme chez tous les enfants ; de même, la mémoire, l'imagination, et en général les fonctions intellectuelles apparaissent et évoluent sans que les variations individuelles soient assez fortes pour nous empêcher d'établir des lois, au moins par approximation. Déjà plus grande pour les sentiments, la difficulté devient presque insurmontable dès qu'il s'agit du sens moral. Impossible, en effet, de généraliser ce que l'on aura observé sur un enfant particulier : rien n'est plus variable que le moment d'apparition, le caractère et la personnalité de chaque conscience. Tel enfant manifeste de très bonne heure une délicatesse morale que les adultes autour de lui seront peut-être incapables d'apprécier et de respecter ; tel autre demeurera jusqu'à l'adolescence fermé à cet ordre de sentiments. Mais un travail sourd s'accomplit en lui, et tout à coup, à propos d'un événement sans importance, sa conscience s'éveillera. Tel autre enfin n'entrera de sa vie dans le monde moral ; le bien ne sera jamais pour lui que les convenances et la légalité.

De même pour le sens du beau, moins nécessaire que le sens moral, et dont un plus grand nombre encore d'individus se montrent presque totalement dénués.

Les enfants admirent des mêmes yeux les plus brillants oiseaux et les plus laides salamandres. Leur observateur attitré, M. Bernard Pérez, nous l'explique d'une façon très complète, qui peut se résumer ainsi : « Incapables de conceptions d'ensemble, ils sont, dit-il, tout aux perceptions isolées, et voilà pourquoi l'idée du beau et l'idée corrélative du laid sont chez eux si incomplètes, si variables, si passagères. » C'est-à-dire qu'un enfant, voyant plusieurs objets et successivement les trouvant à son gré, est hors d'état de dégager de leur comparaison une idée générale indiquant des motifs, des raisons permanentes de ses goûts et de ses préférences.

Un peu plus tard, comme l'enfant a fait ou entendu faire quantité de jugements impliquant la conception du beau, il commence à avoir une idée vague de la beauté. Mais pour lui, le beau c'est toujours le joli. Il ne s'élève guère au delà. Du reste, reconnaissons-le, beaucoup d'hommes et la plupart des femmes, comme on en peut juger par l'attitude du public dans les expositions, n'ont guère plus que l'enfant la notion du vrai beau. En peinture, pour eux, la petite scène de genre traitée dans une tonalité flatteuse, mais outrageusement fausse, en un mot ce que les artistes appellent « la boîte à bonbons », l'emportera toujours sur une œuvre de sérieux mérite. En musique, le flonflon, sur la plus merveilleuse conception symphonique. En architecture, bien peu sont capables de comprendre la beauté simple et pure des lignes du Parthénon ou la fantaisie délicate de l'Erechtheion. Tout ce qui plaît à ce gros public est « joli » comme pour l'enfant ; ainsi que lui, il applique indifféremment ce mot aux grandes choses comme aux petites. Par là s'explique et se justifie ce vers d'un poète exaspéré par tant de béotisme :

Le sentiment du beau, c'est l'horreur du joli !

Les couleurs voyantes, criardes même, ravissent les enfants. En cela encore, ils ressemblent aux nègres, aux sauvages. Les mères qui parfois consultent leur progéniture sur le choix d'une étoffe, s'étonnent toujours de voir que monsieur leur fils ou mademoiselle leur fille a les goûts paysans. « Les belles statues d'un parc les laissent indifférents, et ils suivent des yeux, des gestes, le chien qui passe, l'oiseau qui vole, le bateau qui fuit. » Comme cela nous fait bien comprendre l'indifférence avec laquelle les sauvages, voire même les Orientaux à demi civilisés, passent devant les produits les plus raffinés de nos arts européens, pour s'extasier devant les choses vulgaires qu'ils peuvent mieux comprendre ! Et sans même chercher plus loin, nous n'avons qu'à voir chez nous ce qui fait le bonheur des gens de service que nous tirons de la campagne. Dans *Le Livre de mon ami*, M. Anatole France prend sur le vif la bonne de sa fillette. C'est « une petite paysanne qui vient de son village, où elle a élevé sept ou huit petits frères, et qui chante du matin au soir des chansons lorraines. On lui accorde une journée pour voir Paris ; elle revient enchantée : elle avait vu de beaux radis. Le reste ne lui semblait point laid, mais les radis l'émerveillaient : elle en écrivit au pays. Cette simplicité la rend parfaite avec Suzanne, qui, de son côté, ne semble remarquer dans la nature entière que les lampes et les carafes. »

Pour conclure, la mesure de l'agrément que trouve l'enfant au spectacle des choses ne va guère au delà de ses expériences familières. « Des ensembles, il ne perçoit que la grandeur ; des harmonies naturelles ou imitées, que les couleurs et les formes saillantes. » Devant l'Océan, il dira comme un personnage de Labiche : « Que d'eau ! que d'eau ! » et il ne faudra pas lui en demander davantage. « L'idéalité transmise par les ancêtres se développe donc chez le petit enfant suivant les lois de l'évolution générale, les analysant et les synthétisant de plus en plus. Aussi plus les êtres et les objets lui rappellent des rapports vrais et des associations distinctes de sensations agréables et intenses, plus on peut dire que l'élément intellectuel du beau, que l'idéal a progressé. »

En conséquence, car si nous avons paru nous éloigner de notre sujet, c'est pour mieux y revenir, non seulement il n'est pas sage d'attendre beaucoup de la part des enfants en fait de moralité, mais il faut comprendre qu'il n'est pas sage de leur demander beaucoup. Aujourd'hui, comme le constate Spencer, la plupart des personnes reconnaissent les mauvais résultats de la précocité intellectuelle, mais il reste à se persuader de cette vérité que la précocité morale a aussi des résultats funestes. Avant Spencer, J.-J. Rousseau, avec le tour paradoxal ordinaire à sa pensée, a dit qu'en matière d'éducation « l'essentiel n'est pas de gagner du temps, c'est d'en perdre. » En perdre, c'est trop dire, et l'on risquerait de s'égarer à suivre ce conseil à la lettre. Pour ne pas trop exiger de l'enfant tout d'un coup et l'acheminer plus facilement au bien, il convient, au contraire, de commencer son éducation dès les premiers jours, afin de ne pas avoir à lutter plus tard contre de mauvaises habitudes déjà enracinées. Mais il faut aussi être patient et savoir attendre beaucoup du temps. De même que notre œil serait hors de son état naturel s'il ne subissait pas les illusions d'optique, et que sa justesse anormale serait le signe d'un dérangement de la vue, de même ce serait un mauvais symptôme de la santé morale d'un enfant s'il voyait ou prétendait voir la vie et le monde tels qu'ils sont. A cet âge, l'illusion est plus vraie que la réalité.

Poussant plus loin son observation sur ce terrain, Spencer estime qu'il serait impossible et dangereux de réformer le gouvernement de sa famille plus vite que ne sont réformées les autres choses. Si l'on pouvait produire un être humain idéal, il est douteux qu'il pût vivre dans le monde tel qu'il est, il aurait trop à souffrir de l'égoïsme des autres.

Si cette observation est vraie pour les individus, elle l'est également pour les peuples. En France, par exemple, nous avons trop longtemps fait de la politique humanitaire, pensant que les autres nous le rendraient. Avec toute la générosité de son âme rêveuse, Fénelon s'écriait : « Souvenez-vous que tous les hommes doivent s'entr'aimer ; que la terre est trop vaste pour eux ; qu'il faut bien avoir des voisins et qu'il vaut mieux en avoir qui vous soient obligés de leur établissement. »

Certain proverbe moins optimiste chante une gamme bien différente : « Grand chemin, grande rivière, grand seigneur, mauvais voisins, » dit-il. Et les compatriotes de Machiavel ont un dicton digne de lui, d'après lequel « Celui qui aide à la fortune de son voisin travaille à sa propre ruine. » Tenons-nous-le pour dit et même pour démontré. La terre, jadis trop vaste, s'est aujourd'hui, paraît-il, terriblement rétrécie, et les cœurs ont fait de même ; partout on s'est armé, on s'arme de façon formidable, et jamais l'air qu'on respire n'a tant senti la poudre. — Etant donnée la situation que tout le monde voit assez de ses propres yeux, les qualités que nous devons le plus soigneusement développer chez nos enfants, ce sont celles que nous appellerons les qualités viriles : la volonté, le courage, la force et l'adresse. Laissant donc aux moralistes de profession le soin de cultiver les autres, dont nous sommes loin de faire fi, c'est à celles-là que nous nous attacherons spécialement, en nous efforçant de démontrer, par la concordance des idées que les hommes les plus autorisés ont émises à ce sujet, comment on peut arriver à atténuer, sinon à corriger complètement, les défauts qui leur sont contraires.

Déjà nous avons vu que la volonté, la ténacité, l'esprit de suite, nous étaient plus utiles que les dons les plus brillants de l'esprit. A cet égard il y a unanimité dans les témoignages. Quand un savant comme de Jussieu nous dit : « Le plus puissant des leviers, c'est la volonté, » un homme d'imagination comme Chateaubriand ajoute : « Une volonté inflexible surmonte tout et l'emporte même sur le temps. » — En effet, quand on consacre sa vie à une idée, il y a beaucoup de chances pour qu'on arrive à la réaliser. Diderot veut que l'homme qui est tout entier à son métier, s'il a du génie, devienne un prodige ; « s'il n'en a point, une application opiniâtre l'élève au-dessus de la médiocrité. » Et Diderot a raison ; car c'est ainsi que d'importantes découvertes sont dues à des hommes médiocres, mais persévérants. Les intelligences de cette sorte ont été ingénieusement comparées aux pâles rayons du soleil d'automne qui brûlent aussitôt que la lentille les rassemble sur un même point.

La Rochefoucauld, en écrivant que la faiblesse est plus opposée à la vertu que le vice, ne s'est pas laissé aller au facile plaisir d'émettre un paradoxe. Pour vouloir le bien, il faut pouvoir vouloir quelque chose, fût-ce le mal. La volonté existant comme moteur indispensable, son application au bien n'est plus qu'une question de direction. Ainsi en mécanique, si, pour empêcher entièrement un effet de se produire, il faut une force égale à celle de la cause génératrice ; pour lui donner une direction différente, il ne faut le plus souvent qu'un rien. — Or, l'exemple, pour les enfants, étant plus que la leçon, avant tout il faut avec eux savoir vouloir soi-même. Ainsi que le constate M. Guyau, les enfants aiment la fermeté, même quand elle s'exerce à leur égard. « Une volonté énergique employée pour le bien et le juste s'impose à eux ; de même qu'ils admirent la force physique, de même ils admirent la force morale qui est la volonté : c'est un instinct héréditaire et salutaire à la race. » Pour comprendre combien une volonté énergique peut avoir d'influence efficace sur les enfants, il suffit de remarquer l'empire qu'elle exerce même sur les hommes faits. « Le charlatan et tous les orateurs en général connaissent bien cette puissance contagieuse de l'affirmation ; il faut entendre de quelle voix assurée et avec quel accent de foi ils affirment ce dont ils veulent convaincre ; leur ton est leur premier argument et parfois le plus solide. »

Le difficile étant, comme pour le gouvernement des hommes, de concilier l'autorité avec la liberté sans laquelle il n'y a pas de véritable volonté, de véritable initiative, le grand art de l'éducateur en pareille matière est d'abord de se rendre compte du tempérament émotionnel de l'enfant, de discerner les choses vers lesquelles son attention, son intérêt se dirigent volontiers d'eux-mêmes. Cette reconnaissance faite, les moyens d'en tirer parti ne doivent pas manquer. Le premier, le plus efficace consiste à aviver, à encourager cet intérêt naissant, en paraissant le partager, en s'y associant réellement. L'enfant est si fier de passer du rôle d'initié au rôle d'initiateur, qu'il n'est certainement pas de motif plus puissant que celui-là pour l'engager à persévérer dans la voie où vous semblez le suivre tout en guidant ses pas. Notre conviction, pour ce qui est de l'enseignement en général, est que si on laissait aux élèves une certaine liberté dans le choix de leurs études, on écarterait une des causes les plus puissantes, une des excuses les plus légitimes, de l'indifférence, du dégoût, de la paresse. L'important serait de tenir à ce que le choix étant fait dans ces conditions de liberté, les choses commencées ne fussent pas délaissées capricieusement pour d'autres. Pour cela, et ce serait le prix très légitime de la liberté octroyée, ne pas admettre que le choix soit irréfléchi, ni trop prompt. « L'essentiel est d'habituer l'enfant à vouloir ferme plutôt que vite. Or le mobile d'action une fois assuré, rien n'engage plus à l'action que l'attention arrêtée sur les conséquences probables et aussi sur les moyens. » Les gens irréfléchis ne doutent jamais de rien ; mais comme le dit un vers très heureux, au sujet des engagements à prendre :

> Quand on tient sa parole, on en est économe.

Sans chercher à justifier l'irascibilité, sans oublier que les passions n'ont pas besoin qu'on plaide leur cause et savent très bien, suivant l'expression de Shakespeare, réclamer en justice ce qui leur est dû et même davantage, il est certaines impatiences, certaines colères, qui dénotent un caractère franc et généreux, et qui sont mêlées à l'éclosion des premières vertus morales. Elles sont alors de précieux indices pour la connaissance du caractère, et d'excellents auxiliaires de l'éducation. « A mon avis, dit M. Pérez, un enfant de dix mois, qui ne pleure pas et qui ne crie pas au moins quatre ou cinq fois par jour, qui ne s'amuse pas et ne s'irrite pas, comme le sauvage et le jeune animal, pour une bagatelle, manque de sensibilité, d'intelligence, et manquera sans doute de caractère. Je dirai de lui ce que Mme Pape-Carpentier disait de l'enfant sage, qui ne remue pas en classe et qui ne joue pas dans le préau :

« Enterrez-le, il est mort ! »

Se défie-t-on de l'esprit fantaisiste et primesautier de Mme Pape-Carpentier, voici le sentiment d'un illustre prélat :

« Mieux vaut mille fois, dit l'évêque Dupanloup, les natures vives, impétueuses, passionnées. Sans doute elles ont besoin d'être fortement gouvernées, mais aussi elles offrent de grandes ressources pour les grandes choses. »

Au point de vue physiologique qui nous occupe plus particulièrement, et pour le *struggle for life*, la colère est un instrument actif de défense et de préservation. Elle a pour but, ainsi que le dit Darwin, de préparer un homme ou un animal à la lutte ; mais elle ne l'y prépare pas seulement en lui faisant prendre une attitude favorable à la stratégie de l'attaque ou de la défense, elle l'y prépare surtout en lui faisant faire des mouvements qui élèvent la température de ses muscles. Le docteur Lagrange consacre une page intéressante à l'utilité de la colère ainsi envisagée :

« De tout temps, dit-il, on a remarqué que, chez un homme irrité, le corps s'échauffe, et la locution « *bouillant de colère* », est passée dans le langage usuel. Quand la colère n'est pas assez violente pour échauffer spontanément les muscles, l'homme et l'animal font d'instinct une série de mouvements qui, tout en exprimant une menace à l'adresse de leur adversaire, tendent à augmenter la chaleur vitale et à porter le corps au degré de température le plus favorable à l'action. Tout le monde a remarqué que les gestes sont d'autant plus exubérants que l'homme est moins décidé à attaquer. Si la colère est réellement très violente, les gestes sont inutiles ; l'homme, arrivé au paroxysme de la fureur, ne perd pas son temps à gesticuler, il fond immédiatement sur son ennemi. Les muscles ont acquis, par le fait seul de l'accélération du cours du sang, la température qu'il leur faut pour agir.

« Les gestes de la colère sont en réalité des mouvements violents qui, en très peu de temps, font monter la température du corps au degré voulu pour que les muscles aient leur summum d'action. Ces gestes se retrouvent chez tous les animaux. Ils ne peuvent s'expliquer d'une manière satisfaisante, si l'on n'admet pas qu'ils sont un travail préparatoire, ayant pour but de mettre l'animal en possession de sa faculté d'agir. Le lion qui se bat les flancs de sa queue, le taureau qui laboure la terre de ses cornes, ne font pas autre chose qu'un cheval de course qui prend son *canter*. Quand on donne un petit galop au cheval quelques minutes avant la course, on fait monter d'un degré la température de ses muscles : c'est une locomotive qu'on chauffe.

« On retrouve ce travail préparatoire des muscles dans tous les exercices qui demandent de la vigueur ou de l'adresse. Le pianiste fait quelques gammes ou prélude par quelques *traits* avant d'attaquer son grand morceau. En escrime on tire le *mur* avant de commencer l'assaut. Dans l'exercice de la boxe française, qui demande un grand déploiement de force et d'agilité, les mouvements du *salut* durent plusieurs minutes. Le but de tous ces mouvements préliminaires est d'élever la température des muscles agissants. Un muscle qui a travaillé est un muscle qui s'est échauffé, et un muscle échauffé est déjà le siège d'un commencement de contraction qui facilite l'action de la volonté, comme la vitesse acquise par un corps lourd rend plus efficace l'impulsion qu'on ajoute à celle qu'il avait déjà. »

Pour ma part, j'avoue que je ne m'étais pas expliqué de cette façon les mouvements préliminaires de l'assaut d'escrime. Je croyais qu'en tirant le mur, les tireurs voulaient surtout faire montre d'élégance, de souplesse, déployer à ce point de vue tous leurs moyens, n'ayant pas à se préoccuper de porter ou de parer un coup de bouton. Il doit bien y avoir quelque chose de cela dans le tir au mur, et bon nombre de prévôts, comme M. Jourdain faisait de la prose, font très probablement de la physiologie sans le savoir. Dans tous les cas, on voit que la colère est une force naturelle que l'éducation a tout intérêt à conserver en la disciplinant.

Pour que l'éducateur puisse régulariser l'action de ce puissant ressort chez l'enfant, il doit d'abord s'appliquer à se rendre maître de ses propres mouvements. « Ne reprenez jamais l'enfant, dit Fénelon, ni dans son premier mouvement, ni dans le vôtre. Si vous le faites dans le vôtre, il s'aperçoit que vous agissez par humeur et par promptitude, non par raison et par amitié : vous perdez sans ressource votre autorité. Si vous le reprenez dans son premier mouvement, il n'a pas l'esprit assez libre pour avouer sa faute, pour vaincre sa passion et pour sentir l'importance de vos avis : c'est même exposer l'enfant à perdre le respect qu'il vous doit. Montrez-lui toujours que vous vous possédez : rien ne le lui fera mieux voir que votre patience ». Souvenons-nous d'ailleurs que se contenir, c'est s'accroître, et qu'enfin, à vouloir enfoncer un coin par le gros bout, nous n'arrivons jamais qu'à prouver notre sottise.

Dans un sens diamétralement opposé à la violence et à l'irascibilité, un des obstacles qui empêchent le désir, la volonté de se traduire par des actes, c'est la timidité. Tant s'en faut que celle-ci implique la faiblesse du désir; on remarque, au contraire, que la timidité accompagne presque toujours les grandes passions. Si donc cette sorte d'infirmité suffit pour entraver et même paralyser la volonté la plus ardente, le désir le plus puissant, on voit combien il importe de la combattre, et surtout de l'empêcher de passer à l'état chronique.

Balzac distingue deux timidités : celle de l'esprit et celle des nerfs, une timidité physique et une timidité morale. Cette distinction est admissible ; mais comme les deux s'enchaînent, on peut agir d'une double façon sur elles par l'éducation des nerfs et par l'éducation du caractère.

La timidité morale, a-t-on dit, provient aussi souvent du défaut de confiance dans les autres que de la méfiance de soi-même. Rien n'est plus vrai que cette observation. D'autre part, la timidité ne va pas sans une certaine gaucherie, une certaine maladresse. Parfois celle-ci est un effet, mais le plus souvent elle est une des causes premières de la timidité. Faisons donc que nos enfants soient moins gauches, ils seront moins timides. A ce sujet, nous aurons toujours présent à l'esprit le souvenir d'un entretien tenu devant nous, en chemin de fer, par deux hommes du meilleur monde.

Le premier déplorait que l'aîné de ses fils, garçon *très* distingué, très instruit, mais qui s'était toujours confiné dans sa chambre, ne sût tirer parti d'aucune de ses qualités, par suite d'une invincible timidité. — Et le cadet ? lui demande son interlocuteur. — Oh ! le cadet, c'est une autre histoire ! Elevé chez notre oncle, riche original qui lui a fait faire toute espèce de choses, il débrouille les serrures, règle les pendules, remet au besoin une vitre, rajuste les meubles, en confectionne même, encadre proprement les gravures, cartonne les livres, accorde le piano, etc., etc. Comment voulez-vous qu'un gaillard, suffisamment instruit d'ailleurs, et de qui chacun se réclame à la maison, puisse être timide le moins du monde ? Vrai, il le voudrait qu'il n'en aurait pas le temps ; c'est la seule chose qu'il ne sache pas faire.

L'interlocuteur approuvait en souriant ; à part moi, j'en faisais autant. Le détail relatif à l'isolement habituel du timide ne m'avait pas moins frappé que le savoir-faire du cadet débrouillard. La conclusion à tirer de ce fait si expressif nous semble découler de source. Indépendamment de tous les dérivatifs que les circonstances pourront nous suggérer d'employer, pour distraire nos enfants d'une timidité paralysante, veillons à ce qu'ils ne soient pas laissés trop souvent à eux-mêmes, et surtout faisons-les sortir le plus possible. Ces sorties sont aussi efficaces pour la santé de l'esprit que pour la santé du corps. Les enfants habitués à circuler au grand air et à se mêler activement à la vie de tous, sont beaucoup moins timides que ceux qui se confinent toujours à la maison. La griserie particulière qui naît du mouvement et dont nous avons parlé au chapitre de l'activité, suffirait à neutraliser les effets de la timidité. Des parents attentifs pourront parfois le constater dans une seule et même sortie.

L'analyse que nous avons faite du sentiment de la peur, cette forme aiguë de la timidité, et la démonstration, par le courage professionnel, qu'on se fait brave par habitude, facilitent beaucoup ce qui nous reste à dire au sujet du courage et de ses contraires: la poltronnerie, la lâcheté.

De ce que le courage de minuit est le plus rare, on comprend que l'imagination est pour la plus grande part dans les frayeurs des enfants et des hommes. « C'est donc à l'antagoniste de l'imagination, c'est au jugement qu'il faut s'adresser pour combattre la peur. — Qu'il s'agisse de faire face au danger, ou de supprimer, de réduire des impressions pénibles, la première condition est de bien apprécier les choses : il en résulte une bravoure et une patience de raison. »

Pour affranchir les enfants de la peur des ténèbres, Rousseau expose qu'il suffit de les familiariser avec l'obscurité, et, à cet effet, il recommande tout particulièrement les jeux de nuit. « Beaucoup de jeux de nuit, dit-il, cet avis est plus important qu'il ne semble. Mais pour que ces jeux réussissent, je n'y puis trop recommander la gaîté. Rien n'est si triste que les ténèbres : n'allez pas enfermer votre enfant dans un cachot. Qu'il rie en entrant dans l'obscurité, que le rire le reprenne avant qu'il n'en sorte ; que, tandis qu'il y est, l'idée des amusements qu'il quitte et de ceux qu'il va retrouver le défende des imaginations fantastiques qui pourraient l'y venir chercher. »

Par la mise en pratique de ces conseils, on utilise, en effet, deux choses fécondes en résultats : l'accoutumance, source du courage professionnel, et la gaîté, soutien de la vaillance propre à notre caractère national.

C'est par un procédé analogue qu'on parvient à faire aimer le bruit et l'odeur de la poudre aux chevaux les plus craintifs. On y arrive assez vite, paraît-il, en prenant soin de tirer un coup de pistolet chaque fois qu'on leur apporte l'avoine. — De même encore, on remarque que les paysans, petits ou grands, n'ont aucunement peur des araignées, habitués qu'ils sont à en rencontrer un peu partout, dans les champs et dans leurs demeures.

Si nous en croyions Fénelon, « le courage humain est faux ; ce n'est que l'effet de la vanité : on cache son trouble et sa faiblesse. » — Comme la poltronnerie n'est pas un péché dont on porte l'aveu au confessionnal, Fénelon n'a pu se faire cette conviction par l'expérience particulière que le prêtre acquiert dans l'exercice de son ministère. En niant aussi énergiquement que le courage soit une qualité naturelle à l'homme, Fénelon n'en donne que plus de force à la démonstration que le courage s'acquiert. Car, enfin, on ne peut contester que de tout temps il s'est accompli des actes de bravoure dignes d'admiration, et que notre époque, tant décriée sous divers rapports, est tout autant qu'une autre fertile en héros.

Certains enfants très impressionnables et de faible complexion surmontent difficilement l'impression de la peur ; aussi devons-nous leur tenir grand compte du moindre résultat de leur bonne volonté. Comme, en raison de leur nature même, ils sont extrêmement sensibles aux encouragements, on peut, en les suivant de près, les amener à accomplir de fréquents progrès. Un père intelligent dont le plus jeune fils était très poltron a pu, par ce moyen, corriger assez promptement l'enfant de sa faiblesse. Tant il est vrai que l'amour-propre est un levier dont la puissance est presque sans limites. Pour faire des choses extraordinaires, l'homme comme l'enfant a besoin qu'on le regarde. — Un élève qui, instruit isolément par un précepteur, se montre courageux, le sera bien plus encore devant de nombreux camarades. Il est plus facile de critiquer l'emploi de l'amour-propre comme stimulant que de lui trouver un équivalent. Comme l'a dit un homme d'esprit, qu'importe que le bâton soit un peu tordu, s'il nous aide à marcher d'un pas plus ferme !

Efforçons-nous aussi d'inspirer assez de confiance à l'enfant peureux pour qu'il nous fasse naïvement l'aveu de sa frayeur. D'une part, nous connaîtrons mieux le caractère du défaut contre lequel il nous faut réagir ; d'autre part, l'aveu lui-même sera déjà un commencement de réaction. Certains moralistes pénétrants estiment qu'après la bravoure, il n'y a rien de plus brave que l'aveu sincère qu'on se sent poltron ; ils font plus de fond sur l'homme qui a cette sorte de courage que sur celui dont la couardise se cache sous un masque de forfanterie.

Le docteur Lagrange, traitant de l'accoutumance

au travail, constate que le courage physique augmente manifestement chez l'homme par la pratique des exercices musculaires. « C'est presque exclusivement, ajoute-t-il, chez les hommes livrés à des travaux pénibles ou adonnés à des exercices violents qu'on observe des traits d'audace ou des actes d'énergie. — Si l'on voit, dans une rue, un passant se jeter à la tête d'un cheval emporté ou chercher à arrêter un malfaiteur dangereux, on peut parier presque à coup sûr que cet homme est un ouvrier habitué à de durs travaux ou un sportsman rompu aux exercices physiques. — La pratique des travaux musculaires et l'habitude des exercices du corps disposent l'homme à braver le danger matériel sous toutes ses formes. » — Pour ne pas être injuste envers les hommes de la classe bourgeoise, ajoutons que l'ouvrier qui arrive à l'atelier avec une blouse plus ou moins souillée par suite de l'incident auquel il s'est mêlé, n'en éprouve aucune gêne, aucun ennui, tandis que le monsieur dont les vêtements subiraient pareille avarie, au lieu de pouvoir continuer à vaquer à ses affaires, serait obligé de rentrer chez lui pour changer. — Plus souvent qu'on ne croit, cette considération paralyse la bonne volonté d'un bourgeois ; sous cette réserve, la remarque du docteur Lagrange est très juste et très probante.

Une autre restriction de plus haute portée s'impose à notre esprit devant cette assertion de M. Maneuvrier, que le principe du courage, chez l'homme, est la confiance qu'il s'inspire à lui-même, soit par le sentiment intime de sa force, soit par le sentiment intime de son adresse (1).

A cette définition de principe, nous préférons celle de Mme Guizot, disant que ce qui fait le courage de l'homme, c'est d'avoir en lui-même un motif suffisant pour braver le danger. — Avec celle-là, au moins nous pouvons également comprendre le courage de la femme qui, le plus souvent faible et peu exercée, se dévoue néanmoins avec tant de vaillance.

Dans les conditions actuelles de la guerre, devant les progrès incessants des engins à longue portée, le respect de la discipline, l'esprit de sacrifice, en un mot, les qualités morales, sont celles que personnellement nous prisons le plus chez le soldat. Cependant les qualités physiques, la force, qui permet de supporter les fatigues d'une campagne, l'adresse qui, dans maintes rencontres, joue encore son rôle, seront toujours assez importantes pour

(1) *L'Éducation de la bourgeoisie sous la République*, p. 302.

justifier l'intérêt que l'auteur de *L'Éducation de la bourgeoisie* attache à leur culture. « La force et l'adresse sont sans doute des dons de nature, dit-il, toutefois, comme tout homme les possède à quelque degré, et comme un exercice approprié et soutenu peut en développer les moindres dispositions d'une façon extraordinaire, et que, dans ce cas, l'art arrive à suppléer et surmonter la nature, surtout avec le secours des instruments et des armes, on peut dire, en un certain sens, que la force et l'adresse peuvent naître de l'éducation. Par suite, le courage, qui est une conséquence directe de ces dons naturels ou artificiels, peut être en quelque sorte enseigné ; et comme l'indépendance et la justice, il est une habitude, une œuvre de l'art. »

Abondant dans le même sens, un général anglais, lord Wolseley, ne craignait pas d'affirmer récemment que le courage à la guerre était une question de santé, et qu'à toutes les époques, les grands militaires avaient été principalement des hommes robustes. Il citait les Romains, qui furent pendant des siècles les maîtres du monde. A ce titre, en effet, et pour maintenir leur puissance, ils regardaient l'art de la guerre comme le seul vraiment digne de leur préoccupation. Aussi mettaient-ils un soin infini à développer la force physique et l'agilité de leurs enfants.

Nos voisins d'outre-Manche continuent à cet égard les traditions des Romains et s'en trouvent à merveille. L'exemple est là, sachons le suivre ; les résultats acquis sont aussi encourageants que possible, sachons le reconnaître et en faire profit.

Chez nous, l'éducation physique, complètement sacrifiée jusqu'ici à l'éducation intellectuelle, commence enfin à faire l'objet des préoccupations générales. Un livre de M. Philippe Daryl, consacré tout entier à ce sujet, a si vivement frappé l'attention qu'il a été le point de départ d'un mouvement dont on peut attendre d'excellents effets. A Paris, ce mouvement a gagné les lycées où, malheureusement, il risquait de tourner au cabotinage ; mais, de ce côté, l'écueil a été signalé, au Sénat, par M. Chalamet, dans un discours des plus efficaces. Une Ligue nationale de l'éducation physique s'est formée sous les auspices des hommes les plus marquants. Parmi les adhésions adressées au secrétaire du comité, nous croyons devoir en reproduire deux, celle de M. Emile Augier et celle de M. Alexandre Dumas. La première est ainsi conçue :

A M. Pascal Grousset.

« Croissy, 31 octobre 1888 ».

« MONSIEUR ET CHER CONFRÈRE,

« J'adhère absolument à la Ligue de l'Education physique. Rien, à mon avis, ne saurait plus contribuer à l'éducation morale ; *la santé et la force du corps développent celles du caractère.* Les anciens ne l'ignoraient pas ; nos arrière-grands-pères le savaient aussi, et nous commençons à y revenir : tant de sociétés d'exercices du corps en sont la preuve. Le moment est venu d'imprimer une direction commune à tous ces efforts disséminés, et je ne doute pas que la nouvelle Ligue n'y réussisse, rien qu'à voir la liste des illustrations dont se compose son comité.

« Veuillez agréer, Monsieur et cher confrère, l'expression de mes sentiments très sympathiques.

« E. AUGIER. »

Comme on le voit par les mots que nous avons soulignés, « la santé et la force du corps développent celles du caractère », l'auteur regretté de tant d'œuvres saines et vigoureuses abondait complètement dans le sens des physiologistes.

Quant à son illustre confrère, voici sa lettre :

« MONSIEUR,

« Je vous envoie très volontiers et très sincèrement mon adhésion à la Ligue nationale de l'éducation physique. Quant à un avis motivé de ma part sur le mouvement de cette éducation, il est celui de tous les gens de bon sens et de bon vouloir. Je demeure dans le voisinage d'un grand collège où les externes sont en grand nombre ; je passe souvent au milieu de ces externes quand ils quittent les cours ou quand ils s'y rendent. Je suis toujours navré et effrayé de l'absence de mollets et d'épaules. Faisons des épaules et des mollets. *Je me figure que ceux qui vont nous suivre auront de longues courses à faire et de rudes charges à porter.*

« Agréez, etc.

« A. DUMAS. »

L'avenir n'apparaît donc pas sous des couleurs plus rassurantes à M. Dumas qu'il ne nous apparaît à nous-même. Ce qu'il entrevoit, c'est aussi l'âpreté croissante de la lutte pour la vie. Aux mêmes maux prévus s'appliquent les mêmes remèdes.

Aux termes de ses statuts, la Ligue nationale

de l'éducation physique se propose d'introduire, dans les établissements d'instruction secondaire et supérieure, à côté des exercices méthodiques de la gymnastique classique, les jeux de plein air et les récréations actives qui en sont le complément nécessaire ;

D'intervenir auprès des pouvoirs publics, pour qu'un nombre d'heures suffisant soit consacré à ces exercices ou à ces jeux, dans la vie scolaire de tous les âges ;

D'étudier, de formuler et de faire connaître les moyens pratiques pouvant conduire à ces résultats ; de déterminer dans quelle mesure ils doivent être appliqués à l'éducation des jeunes filles ;

D'amener les communes à ouvrir, pour l'usage de la population scolaire, des terrains appropriés aux jeux et exercices publics, et à les pourvoir du matériel peu coûteux que comportent ces jeux et ces exercices ;

D'instituer tous les ans un grand concours de force et d'adresse entre les champions des écoles de France, désignés par voie de sélection régionale, et de constater ainsi périodiquement la condition physique des générations qui se succèdent.

La Société a son siège à Paris, 51, rue Vivienne. Pour en faire partie, il faut être Français, avoir adhéré aux statuts, avoir versé la cotisation annuelle qui n'est que de *trois francs*, et avoir été agréé par le bureau.

Voilà qui est bien pour les jeux et les récréations ; mais il reste autre chose et une chose importante à faire. A notre avis, une part doit être faite à l'éducation manuelle dans l'enseignement proprement dit, non pas seulement dans l'enseignement primaire, mais dans l'enseignement secondaire.

En Angleterre, où l'on doit à l'initiative privée l'expérience des écoles de demi-temps, dont nous avons parlé au chapitre de l'activité, la question de l'enseignement manuel dans les collèges est aussi mise à l'ordre du jour par un gentleman, M. Lelaud, qui publie à ce sujet un livre des plus curieux et des plus probants (1). *La Revue scientifique* a consacré à cet ouvrage l'article suivant :

« M. Ch. Lelaud est d'avis que l'éducation des enfants ne peut que gagner, et cela *d'une façon considérable*, si, aux notions théoriques et à l'enseignement, l'on joint l'exercice manuel, c'est-

(1) *Practical, Education, treating of the development of membry, the increasing quickness of perception, and training the constructive faculty*, par Ch. Lelaud. — Un vol. in-18 de 280 pages ; Londres, Whittaker et Cie, 1888.

à-dire l'habitude de se servir de ses doigts pour façonner des outils et des ouvrages divers. Selon lui, cette habitude développe la rapidité de la perception, la mémoire et le goût artistique, en même temps qu'elle enseigne l'art de tirer parti de tout, soit pour l'utilité, soit pour l'agrément. Son livre a eu un grand succès en Angleterre, et la deuxième édition vient de succéder à la première au bout de peu de mois : c'est dire qu'il y a une valeur sérieuse dans les conseils et les vues de l'auteur.... Les travaux auxquels M. Leland voudrait que l'on initiât les enfants varient beaucoup : tapisserie, modelage, découpage, dessin, mosaïque, fer forgé ou martelé, etc., et il montre combien, en réalité, l'outillage nécessaire est chose simple et peu dispendieuse. Ayant beaucoup fait pour créer des écoles d'art industriel, M. Leland est l'homme le mieux placé pour nous dire les résultats de cette éducation des doigts. Ces résultats sont très encourageants.... Les méthodes qu'il préconise nous paraissent très propres à instruire et à développer les enfants, sans les fatiguer ni leur imposer des efforts au-dessus de leur âge, tout en les amusant et, qui mieux est, en les intéressant. »

M. Leland semble s'être inspiré de cette pensée de Channing, un des hommes les plus sensés de la libre Amérique : « Le travail manuel est si loin de mériter le mépris et le dédain qu'on finira par voir que, lorsqu'il est uni à la culture intellectuelle, il donne *un jugement plus sain*, il favorise *une observation plus pénétrante, une imagination plus créatrice et un goût plus pur* qu'aucune autre profession. »

Et les compatriotes de Channing abondent largement dans ce sens. MM. Demogeot et Montucci ont trouvé dans nombre d'écoles américaines des élèves en blouse de travail à l'atelier, occupés, les uns à travailler les métaux au tour, d'autres à faire des vis et à forger de petites pièces ; d'autres encore maniaient la scie ou le rabot. Et c'étaient les jeunes gens qu'ils avaient vus en classe une ou deux heures auparavant. A l'école d'Ithaca, M. Hippeau relève un fait des plus caractéristiques, c'est l'organisation d'ateliers pour les travaux manuels, institués dans le double but de fournir aux étudiants le moyen de payer leurs dépenses et de fortifier leur santé par des exercices qui donnent au corps de la vigueur et de la souplesse. Les Américains ont donné, comme on le voit, à ces travaux une portée pratique qui a produit d'excellents résultats : « Les jeunes gens qui, dans l'Université d'Ithaca, étudient les hautes mathématiques, la philosophie ou l'histoire, ne rougissent nullement de passer plusieurs heures de la journée dans les ateliers pour y gagner honorablement l'argent nécessaire à l'acquisition de ce savoir qui les conduira plus tard, peut-être, aux fonctions les plus élevées de l'Etat. Un cinquième des élèves a profité, en 1870, de la facilité qui leur est donnée. Les travaux qu'ils ont exécutés ont été payés par l'Université 15,000 francs, et les professeurs ont pu remarquer que ceux qui s'étaient ainsi livrés à un labeur physique avaient tous, aussi bien que les autres, profité des leçons données dans toutes les classes. Trois heures de travail manuel n'ont nullement nui aux travaux de l'esprit. »

En Suède et en Finlande, l'enseignement professionnel se trouve aussi à la base de l'enseignement supérieur, auquel il conduit par la voie la plus sage et de la façon la plus prévoyante.

Pourquoi n'en est-il pas de même en France? Pourquoi notre pays a-t-il tenu jusqu'ici en si mince considération l'éducation du corps et des mains, alors que, par une singulière contradiction, il tend à se montrer plus matérialiste que tout autre?

Parce que la bourgeoisie, la petite comme la grande, croirait déchoir si elle ne dirigeait ses enfants vers les professions dites libérales, hélas! les moins libérales qui soient aujourd'hui pour tant de malheureux qui y crèvent de faim.

« Profession libérale ! s'écrie M. H. Baudrillart. Pourquoi ce singulier anachronisme de langage ? Veut-on dire par là que l'agriculture, l'industrie, le négoce, le crédit sont indignes d'un homme *libre* ; que les études qui ont pour but d'y former l'homme sont des études serviles ? »

Et M. Eugène Manuel répond en s'inspirant des mêmes sentiments : « De plus en plus, ce sont les intelligences qui doivent être libérales ; c'est dans des conditions et dans des professions bien plus diverses que par le passé qu'il faut poursuivre, avec l'étendue du savoir, le rehaussement des caractères et la libération des esprits. »

Quand nous voyons ce qu'il y a chez nous d'avocats sans cause, de médecins sans clientèle, d'ingénieurs sans emploi, d'architectes, de peintres, de sculpteurs sans commande, quand nous songeons que les écoles d'où ils sont sortis continuent, comme si besoin était, d'en verser chaque année de nouveaux stocks sur le pavé, nous ne pouvons nous empêcher de frémir et de nous demander avec anxiété ce que tout cela deviendra.

Et parmi ces jeunes hommes, combien, pour être ainsi poussés vers les carrières libérales, n'avaient fait preuve ni de goût littéraire, ni de curiosité scientifique, ni d'imagination, ni de quoi que ce fût qui justifiât à leur égard les prétentions de leurs auteurs ! tandis qu'ils auraient peut-être fait d'habiles ouvriers.

L'éducation manuelle aurait eu au moins l'avantage de les éclairer sur leurs aptitudes. Grâce à elle, ils auraient été mis à même de subvenir à leurs besoins. Outre qu'un bon ouvrier peut toujours, avec un peu d'aide, devenir patron à son tour, personne ne contestera qu'il ne soit préférable de compter parmi les premiers ouvriers d'un corps d'état quelconque, plutôt que de croupir en tas parmi les derniers des bourgeois. Descendre en pareil cas, ce n'est pas s'abaisser ; souvent c'est le moyen de s'élever plus sûrement et plus haut. Nous n'en pouvons donner de meilleure preuve qu'en citant ce qui est arrivé récemment au frère d'un de nos amis.

Ce jeune homme, que l'éducation ordinaire avait placé, comme tant d'autres, dans les conditions banales où l'on aspire à tout sans être préparé à rien, demandait à entrer dans l'administration d'une des grandes sociétés d'électricité établies à Paris. — Les bureaux de cette société étaient au grand complet. Cependant, sur la recommandation d'un ancien de la maison, on avait consenti à l'y admettre, mais en surnuméraire non appointé. Le voyant se morfondre à attendre une vacance qui ne se produisait pas, *l'ancien* lui dit un jour : « Ma foi, à votre place, au lieu de moisir dans les bureaux, j'entrerais bravement dans les ateliers ; ce que vous y apprendriez vous mettrait à même de jouer un rôle plus utile qu'ici. Que craignez-vous ? Toutes les apparences seront sauvées. Vous n'entrez pas à la maison comme ouvrier, mais, connaissant le service des bureaux, vous demandez à vous mettre au courant de celui des ateliers. »

Le jeune homme eut le bon esprit de suivre ce sage conseil : sa résolution fut si bien remarquée et appréciée que, dix-huit mois plus tard, une direction de succursale étant devenue vacante dans une grande ville du Nord, ce fut à lui qu'on trouva plus avantageux de la confier. — Il est aujourd'hui dans une excellente position, tandis qu'il arriverait à peine à un des moindres emplois des bureaux de Paris.

Mais que de circonstances et de circonlocutions typiques n'a-t-il pas fallu, pour amener ce résultat, *en sauvant les apparences !* Les Américains se moquent de nous sur ce chapitre, et ils ont bien raison. M. Charles Bigot raconte que, visitant la grande maison d'enseignement de New-York connue sous le nom de *City College*, le général Webb, qui en est le directeur, lui disait : « L'élève qui a échoué à un examen peut redoubler la classe qu'il vient d'achever ; mais s'il échoue une seconde fois, il faut qu'il quitte l'établissement. Nous ne voulons pas fabriquer des non-valeurs. Les études littéraires ou scientifiques sont du temps perdu pour les jeunes gens auxquels les dispositions naturelles font défaut. Qu'ils choisissent d'autres carrières. L'emploi de leur activité ne manquera pas en Amérique, et c'est leur rendre service à eux-mêmes, si ni les sciences, ni le grec et le latin ne sont leur fait, que de les décourager le plus tôt possible. » — Oui, les Américains ont mille fois raison. Ce langage et ce raisonnement devraient être tenus chez nous par tous les gens sérieux.

Quant aux hommes bien doués, ne craignons pas que leur génie s'émousse, ni que la délicatesse de leur goût s'altère, par la pratique d'une profession manuelle. Les faits propres à nous rassurer ne manquent certes pas. Ainsi, par exemple, grâce à des renseignements très précis, nous savons aujourd'hui que la plupart des peintres hollandais qui, au XVIIe et au XVIIIe siècle, ont doté leur pays de tant de chefs-d'œuvre, simultanément avec leur art, exerçaient une profession industrielle, commerciale ou manuelle. Loin que cette profession les empêchât de produire leurs merveilles, c'est elle seule qui les faisait vivre. Que de noms M. Philarète Chasles, soutenant la même thèse, ne trouve-t-il pas à invoquer !

« Je ne m'étonne point, dit-il, que de grands hommes soient nés du sein des métiers mécaniques : pour ceux qui ont été nourris exclusivement dans les salons, l'intelligence est un jeu, une pause, un délassement ; pour ceux qui ont tenu l'épée ou le gouvernail, poussé la charrue ou agité la lime, l'intelligence devient une passion, une force, une beauté, un culte, un amour divin. C'est de l'échoppe, de la boutique, de l'atelier ou du greffe de notaire (magasin d'écritures sans pensées), que la plupart des puissants esprits ont jailli : Molière au milieu de la boutique du tapissier ; Burns chez le métayer ; Shakespeare, fils d'un propriétaire marchand qui vendait de la laine et des gants ; Rousseau fabriquant les rouages de son père. Longtemps aux prises avec la nature physique, tous se sont réfugiés, heureux et enthousiastes, dans le domaine libre de la pensée. Un esprit même inférieur se tremperait fortement dans ces apprentissages mécaniques ; et si jamais l'immense réforme qui s'empare du monde s'étend jusqu'à l'art de créer des citoyens, je ne doute pas que le bon sens ne l'emporte enfin sur l'habitude, *et que l'une des parties les plus importantes de chaque éducation ne soit désormais le mélange bien combiné des développements de l'esprit et de l'action humaine sur les éléments de la nature.* Je voudrais que tout agriculteur sût lire ; *je voudrais que tout homme riche eût un métier.* »

Ce vœu est également le nôtre : c'est la conclusion à laquelle nous amènent toutes les remarques, toutes les observations qui composent ce livre. Un seul mot nous paraît à retrancher du desideratum de Philarète Chasles, le mot « riche » ; notre désir à nous est que tout homme ait un métier.

Ce désir ne reçoit-il pas un commencement de satisfaction ? — Voici qu'on organise l'enseignement du travail manuel dans les écoles normales d'instituteurs. — A l'école primaire, cet enseignement restera forcément éducatif ; on ne peut, en effet, songer à mettre des outils aux mains des enfants avant l'âge de dix à douze ans ; mais vienne le jour où, comme le demande avec tant de raison M. Maneuvrier, l'instruction primaire servira de base à l'instruction secondaire, et celle-ci à l'instruction supérieure; où, du bas en haut de l'échelle scolaire, un enchaînement logique conduira sans redites du degré inférieur au degré supérieur : ce jour-là, l'enseignement manuel, suivant la même gradation, arrivera à constituer le meilleur, le plus intelligent et le plus sain des apprentissages.

En ce moment notre confiance est grande. Le Ministre de l'Instruction publique, M. Bourgeois, réunit au plus haut degré toutes les qualités nécessaires pour entreprendre et mener à bien la grande réforme de notre système d'instruction.

Son initiative, la netteté de sa parole, et le rare esprit de décision dont il fait preuve, nous sont de sûrs garants de ce qu'il saura faire, si son action n'est point paralysée par l'esprit de routine.

En attendant, recueillons encore ces conseils de l'anonyme, auteur du livre déjà cité : *Que feront nos garçons?* « Nul ne sait ce que l'avenir lui réserve, dit-il. — Quand même on n'en devrait jamais tirer parti comme d'une ressource suprême, il est bon de connaître un métier et d'y avoir du goût.... Il est facile, du reste, de concilier les nécessités d'une éducation libérale avec l'apprentissage d'un métier. Il ne s'agit pas évidemment de passer chez un patron de quatre à huit

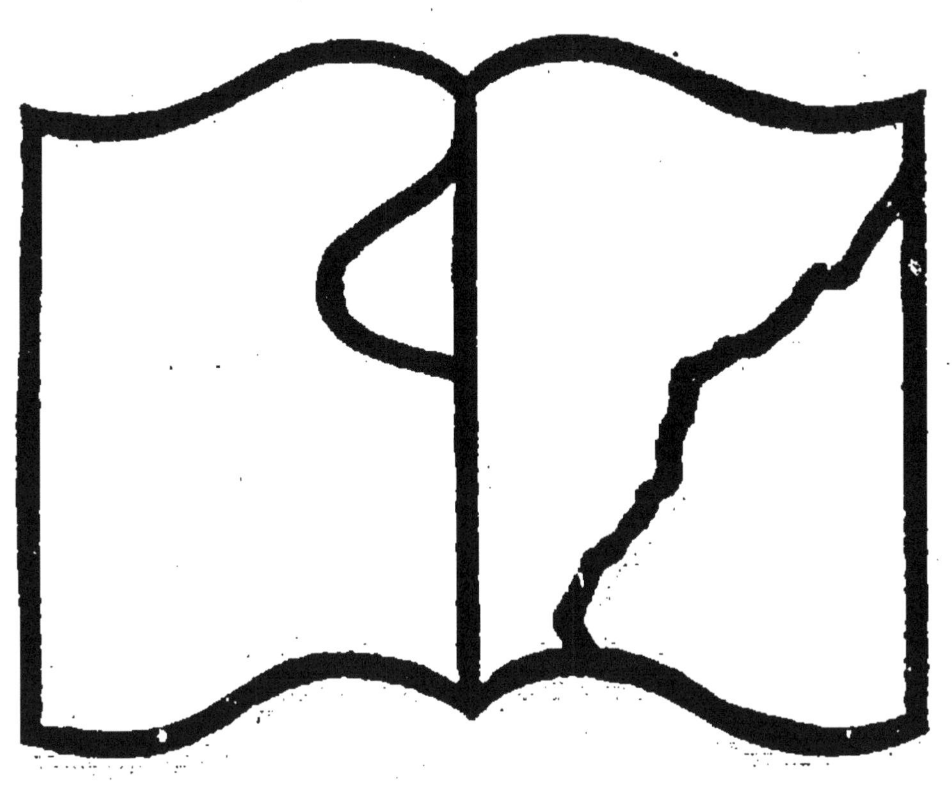

Texte détérioré — reliure défectueuse

NF Z 43-120-11

années, dont les trois quarts sont employés à nettoyer l'atelier et à faire les courses. Que l'enfant ait en mains les éléments d'un métier et les notions pratiques que ce métier comporte, c'en est autant qu'il en faut pour que, le cas échéant, il puisse plus tard se tirer d'affaire. Or, une ou deux heures consacrées à cette étude, ou plutôt à cette distraction, les jours de congé et pendant les vacances, atteindront le but qu'on se propose. L'art typographique, l'horlogerie, la sculpture sur bois, la peinture ou la gravure industrielle et bien d'autres sont des métiers attrayants, faciles à apprendre pour un jeune homme dont l'esprit est cultivé, et qui a déjà quelque peu étudié le dessin. »

Plus loin, le même auteur cite cet exemple pris dans le cercle de ses relations personnelles :

« J'ai rencontré à Toulouse un homme d'une grande intelligence, d'un esprit très vif, de goûts artistiques prononcés, qui, une fois bachelier ès lettres et licencé en droit, n'hésita pas à épouser une modiste qu'il aimait. Il a fondé pour elle une maison qu'il dirige avec conscience et à la lumière de son éducation supérieure. Elle est devenue promptement la pre[illegible]ière maison de la ville, et l'heureux homme, d'avocat sans cause qu'il avait grand'chance d'être, est devenu gros et notable commerçant.

« L'ambition de l'habit noir et de la cravate blanche est, en beaucoup de cas, une ambition déraisonnable et malsaine.... Mais elle n'aurait pas tant de prise si l'on se rendait mieux compte de la position de l'employé, c'est-à-dire de l'ouvrier sorti de son rang et qui, avec moins d'indépendance, ne gagne que rarement davantage et a toujours beaucoup plus à payer. M. A. Mézières le dit parfaitement : « Si les ménages d'ouvriers savaient ce qu'il faut de calcul, d'économie et de travail à des milliers de ménages bourgeois pour joindre les deux bouts, pour payer le propriétaire, le boucher, le boulanger, le tailleur, les leçons des enfants, ils seraient plutôt tentés de les plaindre que de leur porter envie. »

Nos pères disaient sans hésiter : Métier vaut mieux que rente.

A l'appui de ce dicton, rappellerons-nous qu'à la fin du XVIIIe siècle, ce fut une mode, dans la noblesse française, d'apprendre un métier manuel, que le roi lui-même, le roi Louis XVI, était serrurier, et que beaucoup de nos gentilshommes émigrés furent bienheureux de trouver leur gagne-pain dans ce qu'ils avaient cru ne devoir jamais être pour eux qu'une distraction, un jeu ?

Nous plaçant au point de vue le plus élevé, celui

de l'intérêt du pays, nous aimons mieux nous adresser aux sentiments que cet intérêt inspire à chacun de nous. Disons-le donc pour terminer : grâce à des goûts plus délicats, plus éclairés ; grâce à une instruction plus étendue que celle de la classe ouvrière, grâce enfin à leur éducation, les enfants de la bourgeoisie introduiraient certainement dans les choses du domaine manuel des qualités nouvelles. Par là, ils ajouteraient aux ressources dont la France dispose dans la lutte où elle est engagée, et où il y va du maintien de son rang entre tous les peuples (1). De plus, en rapprochant ce qui fut le tiers état de ce qui est devenu le quatrième état, ils achemineraient la question sociale vers la meilleure des solutions.

(1) *A l'heure même où ce livre achève de s'imprimer, la commission du budget de l'Instruction publique, vivement émue de l'encombrement des cours préparatoires aux carrières libérales, propose de réduire le nombre des bourses dans les lycées, pour les augmenter dans les écoles techniques ou professionnelles. Le mouvement que nous prévoyions se dessine, et les journaux les plus sérieux l'appuient d'une façon remarquable.* (*Voir* « Le Temps » *du 19 mai 1891.*)

TABLE DES MATIÈRES

POITIERS. — TYPOGRAPHIE OUDIN ET Cie.

www.ingramcontent.com/pod-product-compliance
Ingram Content Group UK Ltd.
Pitfield, Milton Keynes, MK11 3LW, UK
UKHW020106200726
13856UKWH00002B/407

9 782013 589277